中國學術思想
研究輯刊

三七編

林慶彰 主編

第16冊

坐進此道——
《悟真篇》研究與實踐（第四冊）

仲秋艷、楊銳、劉嘉童、謝群 著

花木蘭文化事業有限公司

國家圖書館出版品預行編目資料

坐進此道——《悟真篇》研究與實踐（第四冊）／仲秋艷、楊銳、
劉嘉童、謝群 著 -- 初版 -- 新北市：花木蘭文化事業有限公司，
2023〔民 112〕
目 2+182 面；19×26 公分
（中國學術思想研究輯刊 三七編；第 16 冊）
ISBN 978-626-344-184-2（精裝）
1.CST：道教修錬 2.CST：學術思想
030.8   111021702

ISBN-978-626-344-184-2

9 786263 441842

中國學術思想研究輯刊
三七編　第十六冊　　　　　　　　ISBN：978-626-344-184-2

坐進此道——
《悟真篇》研究與實踐（第四冊）

作　　者　仲秋艷、楊銳、劉嘉童、謝群
主　　編　林慶彰
總 編 輯　杜潔祥
副總編輯　楊嘉樂
編輯主任　許郁翎
編　　輯　張雅淋、潘玟靜　美術編輯　陳逸婷
出　　版　花木蘭文化事業有限公司
發 行 人　高小娟
聯絡地址　235 新北市中和區中安街七二號十三樓
　　　　　電話：02-2923-1455／傳真：02-2923-1452
網　　址　http://www.huamulan.tw 信箱　service@huamulans.com
印　　刷　普羅文化出版廣告事業
封面設計　劉開工作室
初　　版　2023 年 3 月
定　　價　三七編 17 冊（精裝）新台幣 46,000 元

坐進此道——
《悟真篇》研究與實踐（第四冊）

仲秋艷、楊銳、劉嘉童、謝群　著

目

次

二十六、有無由此交相入
未見如何想得成

1

恍惚之中尋有象，冥杳之內覓真精。

有無由此交相入，未見如何想得成。

——《悟真篇》七言絕句第三十二

《老子》上承《周易》，下啟諸子，本篇是從內丹學派的角度詮釋的。

《老子》是一本偉大的著作，它的言簡意賅的文字，充滿想像，極富魅力。僅僅是不求甚解地捧誦若干章句，在那個遠古的呼喚、精神的感召下，學者就能很快的「坐進此道」：

道沖，而用之或不盈。

淵兮似萬物之宗，挫其銳，解其紛，和其光，同其塵。

湛兮似或存，吾不知誰之子，象帝之先。

——《老子》第四章

「沖」，既有虛無的意思，也有「動」的意義。《說文解字》：「盅，器虛也。老子曰：道盅而用之」。明代有位高道就叫伍守陽，號沖虛子，道行很深，是禪師柳華陽的師傅，兩人並稱伍柳派。

「盈」是滿的意思。

「湛」同「沉」，古代讀音相同，為沉沒、滅沒，引申為隱約，這裡用來形容「道」隱沒於冥暗之中，不見形跡。

譯文:「道」之本體是虛無的,但它的作用卻沒有窮盡。我們肉眼能看到的世界萬物實體都在這個道體中「生成住壞」,卻還是填塞不滿它。它幽深啊,象是萬物的源頭;儘管它隱沒於冥暗之中,不見形跡,卻真實的存在。這也是對中國傳統哲學本體論的經典理論「無中生有」的最初的文學描述,老子總結為「天下萬物生於有,有生於無」。

那麼修道的人,首先要消滅萬物之區別,解開矛盾之糾紛,與萬物同光輝,即,不露鋒芒;與萬物同蹤跡,即,與世無爭。如此行道,漸行漸深,你就能清晰地驗證到,這個虛幻如「場」一樣的道,是真實存在的。

「象」,指物象、萬象,引申為萬物和眾生相的意思。萬物展現出來能看到的都可以稱為象或相,佛教說的著相就是這個意思,《金剛經》所謂「應無所住而生其心,即不為外物所羈絆、所滯留而生出的「心」──內丹學派謂之「先天」的「性」──就是佛性。

「帝」通「締」,締結和出生之意。後來引申為最先、最早、最高、最初和元始等等之類的意思。

譯文:「我不知道它是從哪裏產生的,在古往今來一切存在著的萬物的法象締結成型之前,就有它了。」

或者,「我不知這個是誰所生,看樣子是天帝之祖先,意思就是它不是任何存在的產物,反而是整個世界的造物主。

就是說,它──先天一炁──就是祖宗,但是它的祖宗是誰沒有誰知道,反正比認為是象帝的祖宗還要早,萬物皆有它而來,由其生化。上古學者、宗教思想家在思考生命的起源、世界的本體之際,也就以「人」觀「天」、「由此及彼」地觸類旁通了「宇宙之道」──「萬物皆從一氣生,天清地濁稟生成。」這是「直覺」思維的一種典型模式。

《道德經》中為什麼道「沖」解釋為「虛」?

看四十二章,「萬物負陰而抱陽,沖氣以為和。」

這裡「沖氣」是兩個字,不是一個詞。古文只有字,也有固定用語,如奈何、鴻儒,但是沒有現代漢語意義上的詞。

從內丹的角度,我們可以解讀為:世間萬物皆有陰陽屬性,而陰陽之間以氣通往來。

那麼,陰陽之間是什麼呢?「易有太極」。

周敦頤有一篇《太極圖說》,第一句是「自無極而太極」,意思是從無極生

出太極，但朱熹進行整理注解時，刪去了「自」字，成了「無極而太極」，他認為無極只是形容太極，而不是說太極之上還有個無極。朱熹這個整理就清晰明瞭簡潔，沒有頭上安頭的多餘。

故，太極者，虛也。

看四十五章，「大盈若沖，其用不窮」，很明確，做「虛」解。

至於為什麼，就不要深究了，這和文字起源關係密切，甚至僅僅通過訓詁都不夠，甚至要上溯到金文時期的字義，才可以解釋得靠近「真實的」《老子》。

還有個「竅門」，瞭解一下文言文的字和白話文中的詞的演變關係，你看看這個字和哪個字常常並列使用，組成了現代漢語法的詞（組），甚至「望文生義」地就大概知道這個古代的字，可以作何解釋。

要深入中國經典哲學，還是先要把「小學」的基礎搞紮實的。

小學——中國傳統文化研究語言文字的學問，最初是作為經學附庸出現的。即以五經而論，漢魏人為之作注，唐人作疏，此後歷代學者又反覆解釋闡發，直至清人集其大成，這些訓詁成果可以說是歷時堆積而成的。

古人研究語言和文字的出發點是為了詮釋經典，因此也籠統地把典籍文獻（包括歷代以來對經籍的注解）看作同一個平面的東西——即中國文化文史哲不分家，是一個整體的胎盤狀的混沌之物，我們可以叫它共生體吧。黑格爾說希臘的東西是正常長大的，中國的是早熟的，這話是準確的。它因為早熟，胚胎沒有完成細化，更別說成比例了，那個頭大的和四肢不成比例的老壽星像，就頗具中國文化的這個特徵。

長期以來，漢語書面語以先秦文獻語言為典範，進行刻意的模仿，造成嚴重的言文分離。書面語言與先秦文獻語言保持著相當大的一致性，並不反映語言的客觀的歷時發展。分屬於不同的時代。一些語料或者能部分反映語言的時代層次，如漢魏人用雙音詞解釋經書中的單音詞，唐疏對漢魏傳注中的舊詞復加以解釋。但是，總體來看，不管是哪個時代的注釋材料，又都是以文言解釋文言，並不能完全反映當時口語的真實情況。因此，傳統訓詁學在方法上對共時歷時區分不是很清楚，這是客觀條件所決定的必然結果——由此我們就知道《老子》一書，為什麼在後人注釋的歷史之河中，百舸爭流，浪花朵朵。

那麼，詞彙複音化是漢語發展的必然趨勢了，它緩解了單音詞語音重複、義域寬泛、兼義過多等多重負擔，使詞形的區別度和詞義的精確度大大提高。

複合詞的構成原理是其內部各語素相互制約，致使其詞義比各語素義更為單一、穩定和明確，追求詞形的和諧與詞義的精確是複合詞構成的總體優化原則。即，現代漢語的複合詞，是從語義的角度對漢語語素互相選擇、互相結合成雙音節並列而成！

現代漢語雙音詞歸為並列式、偏正式、動賓式、主謂式、補充式、附加式、重疊式、非重疊式雙音單純詞和其他方式。

例如，「跳躍」這個複合詞，「跳」就是「躍」意，「躍」就是「跳」意；再看語言、朋友、牙齒、泥土、道路、樹木、身體、人民、購買、生產、離別、接受、察看、扣除、居住、書寫、描繪、幫助、偉大、美麗、寒冷、廣闊、簡單、迅速、柔軟、整齊、快樂、勇猛……

再諸如「虛無」、「虛空」、「空虛」，這些佛道經典常用的字詞和概念，甚至，早期黃老道家的經典《列子》又名《沖虛經》，古人已經「約定俗成」地把「沖」和「虛」互訓了，但是《道德經》中的「道德」不是互訓，是並列式的，老子用道德，替代了《易傳》的陰陽概念，進行了一番新的疏解。

《老子・第四章》：道沖，而用之或不盈。淵兮似萬物之宗。挫其銳，解其紛，和其光，同其塵。湛兮似或存。

淵者深也；深者沉也，沉者湛也，在現代詞組中的每個字都是互訓的。

再看《周易・繫辭下》：「易無思也，無為也，寂然不動，感而遂通」，這一句是經常被內丹學派大做文章的：「感」者，「動」也——「一炁」萌動，遂通先天，黃元吉概括為「一覺而動」。何謂一覺而動？一覺即在無知無覺無動之時，猛然驚醒；動是靜極而動和由此引起的人體之動。此一覺而動有如電光石火，只在一息之間，當前則是，轉眼即非。丹派說這句《易傳》名言是在講玄關一竅：「寂然不動之中具感而遂通之妙，感而遂通之際寓寂然不動之神。其不過此虛無一點真炁為之感而遂通耳。」

這個微言大義發掘得就很有古趣，呵呵，人們不能「窮理、盡性，以至於命」，卻怪聖賢沒有說破，老子謂「動善時」也。嗯，他的「沖氣」說就很有「動感」，這裡的「沖」就不能解為「虛」了。但是沒有像莊子的「一氣」說那樣，被內丹家援引發明光大，成為通行。

當然，你看「奔走」，就知道在文言文中的「走」是「奔」、「跑」之意，不是今天的步行、散步了，屬於當今的「暴走」族。

還有，「黑白」、「香臭」就不能用「並列式」來互釋了，那就麻煩了。

2

When He Himself reveals Himself, Brahma brings into manifestation

That which can never be seen.

As the seed is in the plant, as the shade is in the tree, as the

Void is in the sky, as infinite forms are in the void——

So from beyond the Infinite, the Infinite comes; and from the

Infinite the finite extends.

The creature is in Brahma, and Brahma is in the creature: they

Are ever distinct, yet ever united.

He Himself is the tree, the seed, and the germ.

He Himself is the flower, the fruit, and the shade.

He Himself is the sun, the light, and the lighted.

He Himself is Brahma, creature, and Maya.

He Himself is the manifold form, the infinite space;

He is the breath, the word, and the meaning.

He Himself is the limit and the limitless: and beyond both the

limited and the limitless is He, the Pure Being.

He is the Immanent Mind in Brahma and in the creature.

The Supreme Soul is seen within the soul,

The Point is seen within the Supreme Soul,

And within the Point, the reflection is seen again.

Kabîr is blest because he has this supreme vision!

　　這首詩是古代印度詩人和古魯、印度最有名的聖者之一、也是伊斯蘭教的先知留下的。由泰戈爾譯自孟加拉語。這位活了 120 歲的老修行，有關他生平的記載很少，但許多有關他的傳說卻流傳至今。卡比爾出生在印度東北部的貝拿勒斯，據說他是一個婆羅門寡婦的兒子，出生後即被遺棄，由一個屬於久拉哈種姓的穆斯林家庭收養。久哈拉在波斯語中是織者的意思，這是一個社會地位很低下的種姓，卡比爾長大以後，師從當時一個著名的婆羅門拉馬南達（Swami Ramananda）。拜師經過很具有傳奇色彩：年輕的卡比爾來到恒河邊，在那裡等候拉馬南達。當拉馬南達從恒河沐浴返回時，卡比爾突然上前抱住他的腳。

「孩子，你想幹什麼？」

「先生，我想學道。」

「好。」

婆羅門的弟子們很反對：「先生，他是一個穆斯林、一個孤兒。你怎能收他為徒？他不會信奉濕婆的。」

拉馬南達看了一眼卡比爾，他看到了一個尋求者。他回答道：「你們並不瞭解他。我瞭解他。」於是卡比爾成了拉馬南達的弟子。

卡比爾跟隨拉馬南達許多年，他跟隨他的老師參加各種神學或哲學辯論，爭論的對象都是當時著名的毛拉和婆羅門，他因此瞭解了印度教和蘇非神秘主義思想。

在他悟道以後，依然過著世俗的生活，依然靠織布維生，維持著艱辛的生活，他的自畫像是：

> 造化的一切形式，都是我的化身。
>
> 儘管如此，我也和而不同。
>
> 無論稱我「卡必爾」，或者「尊者」，都無礙。
>
> 我不是稚子，也不是老者，青春的氣息，我也沒有。
>
> 我非任何人能命令的，也不受誰的指派來此。
>
> 在「沙哈吉」的世界，我坐在榮耀的位置。
>
> 我蓋一條薄單，無人噓寒問暖。
>
> 買我布匹的人，對我漫不經心。
>
> 我穿著破衣裳，上面打滿了補丁。

但是隨著仰慕者、追隨者日益增多，聚集在他周圍的人越來越多，逐漸形成了龐大的卡比爾教派，也稱作聖道或聖人之路（SantMat）教派。傳說卡比爾去世時，他還給弟子留下了最後的啟示。瓦拉納西相傳 6000 年前為婆羅門教主神之一的濕婆神所建，是印度教徒心中的「耶路撒冷」。此外，釋迦牟尼初轉法輪的鹿野苑就在這兒附近，耆那教的兩個教長也誕生在這兒附近，故此地為印度教、佛教、耆那教的重要聖地，也就是玄奘歷經千辛萬苦最終到達的「西天」。古代，包括今天的印度人深信，一個人在此死去，靈魂就一定昇天，許多人為此在臨死前會來到這裡。卡比爾一生都居住此地，但當死亡臨近時，他卻前往貧瘠而晦氣的瑪嘎：

> 我正要去麥加朝聖，

卻在半路上遇到牠。

他罵了我又質問：

誰告訴你的，我只在那兒？

我從主的蓮足下受益匪淺，

此一榮耀，不歸卡西。

至尊，卡必爾堅稱此議，

即使因此一聲明被丟入地獄，

也不在乎。

兄弟姊妹們：

你們是如此單純和輕信啊，

如果卡必爾擇在卡西謝世，

那麼祂的恩典又在哪裏？

昨日之我，已非今日之我。

當一滴水融入海洋時，

便不分離。

　　他以此舉啟示弟子們：「對於悟真得道的人，瑪嘎和卡西又有什麼區別？」

　　在他去世之後，他的印度教徒和穆斯林教徒又為他的葬禮而起爭執。

　　印度教徒要將他們的上師火化，而穆斯林學生則要將他們的古魯土葬。但當他們揭開覆蓋卡比爾的屍布時，他們發現那裡只有一堆花束。他們將一半花葬入塵土，另一半花投入火焰。

　　儘管卡比爾一生中一直在批評印度的教派之別，陳腐教條和儀式，但他依然受到各個教派的尊敬和推崇，原因很簡單，他是真理的擁有者。

　　卡比爾是一個目不識丁的工匠，但這並沒有妨礙他成為一個道者，反而在某種程度上成就了一個宗教融合者和創新者：

除了字，聖書裏什麼也沒有。

卡必爾只說親身體驗過的事。

　　他從不受經文和教條的約束，而努力去做融合。卡比爾反覆說，不論是印度教徒還是穆斯林，他們都是在崇拜同一個神，只是神的名稱各不相同而已。印度古魯遇到中國禪師，兩人會不會惺惺相惜呢？

藥病銷，心月圓，信時佛豈獨西天。

在在處處人皆有，世間無比這靈源。

──普庵《活人歌》

在卡比爾看來，神無需遠求，只在身內，「人人具足」：

哦，尋仙問道的人，你要在哪裏詢問？

瞧！祂就在你身邊。

祂既不在神廟裏，也不在清真寺；

既不在天房，也不在伽拉薩山；

祂不在禮拜和儀式中，也不在瑜伽和苦行中。

如果你是真正的尋求者，你會即刻看見祂，

你會在某一瞬間與祂相遇。

來我告訴你，修行人，祂，就是呼吸中的呼吸。

他要求人們放棄外在的儀式和苦行，去尋找「呼吸中的呼吸」──「胎息」。

他用另外一種語言或「體系」，向人們展現了通往與神合一的內在之道：

在彼家找到「先天一氣」，然後以自家之「神」與「炁」和合。所以，「天人合發」、「水火既濟」，學者啊，覺悟到沒有這就是他言下的「愛」與「戀」？

卡比爾的宗教思想對印度宗教產生了極其深刻的影響。錫克教的創教者那納克（Nanak，1496～1539）繼承了卡比爾的宗教主張，創立了融合印度教對神的奉愛以及伊斯蘭教上帝無形論於一身的錫克教。

卡比爾並沒有因為「得道」而成為職業的神秘主義者，或為了修道而逃避世俗生活，而是將高度的悟性融入了普通的生活。他既是詩人、音樂家，同時也是一個快樂的普通的織布工，他堅持樸素簡單的生活，讚美家庭和日常生活的價值，因為它們為愛和解脫提供了機會。

卡比爾的修行之道，實質就是專注音流瑜伽（Surat Sabda Yoga），心中懷著愛和奉獻，反覆念誦神的名字，以達成自我消解、與神融為一體。這種「持咒法門」，確實是一條抵達性命之光源的捷徑。

卡比爾共有兩千多首詩歌和一千五百首對句（couplets）傳世。錫克教的聖經《聖典》中就收錄了 500 首卡比爾的詩歌。在卡比爾所處的時代，經書都是用梵文書寫的，除了少數祭司和學者之外，大多數人都無法理解。卡比爾的詩歌以通俗的北印度語寫成，詩歌的對象是普通大眾。他從不引經據典，

而是用當時的俚語，道出他的證悟的道。因此他的詩歌被人們世代相傳，流傳至今。

　　卡比爾試圖用白話道出一個神秘主義者的「不可道之道」，他盡力向人們指出神的本質、神的所在，以及通往神的道路。人們可以通過冥想，體驗到至福、光明和「坐聽無弦曲」，進入「天人合一」的大境界。

　　即便沿著一篇遺文走進一顆「渾化」之心是妄念，但就是在牆外一嗅芬芳，你也不虛此行。梵天（Brahma），印度教三大主神之一，至高神。音流（the Word）：即夏白德（Shabd），又稱納姆（Naam），是瑜伽士溝通靈魂與梵天的方式。聖人著名的弟子巴巴・吉說得很好：「它是一條抵達一切生命和光的最初源頭，即最省力氣又得到最多獎賞的路。」

　　「專注於音流」與《莊子》的「心齋」之道、觀音的「聽潮」法門，其法理如出一轍。這些具有古印度文化特色的術語和範疇，在中文尤其是道家、丹派中，不難找出對應的術語和範疇。在此處，比如取紫陽翁的「恍惚之中尋有象」擬題，即便信達雅都到位了，竊以為兩方都不會落好，還有世界觀和哲學體系的問題。餘者如「形成於下，象見於上」啊，「無中生有」啊、「虛實之間」啊，又過於中國化、學術化、學究氣，那麼用《象帝之先》來給這首詩命名好嗎？

　　　當梵天顯身時，他以無形彰顯。
　　　如種子在果核，樹蔭在樹下，虛空在空中，無限在虛無之中——
　　　因此，「空」源自「空」，而「有」生於「無」。
　　　造物者在梵天之中，梵天在造物主內，
　　　此兩者同出而異名。
　　　他自己就是樹、種子、萌芽。
　　　他自己就是花朵、果實、樹蔭。
　　　他自己就是太陽，自己燃燒，自己照耀。
　　　他自己就是梵天、造物者，和世界。
　　　他自己就是萬物，和虛無；
　　　他就是呼吸、音流、和意義。
　　　他就是有和無，又超越有和無，
　　　是無無、空空，是本體。
　　　他是梵天和造物者的意志。

唯反觀者能察之，
唯窈冥者能目睹，
那個身影。
我是有福的，因為我看見了這至高的內景。

二十七、不識真鉛正祖宗
萬般作用枉施功

1

不識真鉛正祖宗，萬般作用枉施功。

休妻謾遣陰陽隔，絕粒徒教腸胃空。

草木陰陽皆渾質，雲霞日月屬朦朧。

更饒吐納並存想，總與金丹事不同。

——《悟真篇》七言四韻第十五

煉丹的火候次第和順序是確實有的，這和人類的一些「規矩」也是類同的，比如說：

一個人問大師：大師我念經的時候可以方便嗎？大師回答：不可以！

另一個人問：大師我在方便的時候可以念經嗎？大師說當然可以。

我想和你一起睡覺是流氓，我想和你一起起床是徐志摩。

借用這段笑話的意思是強調：程序真的很重要，如果搞顛倒了，這個由人類組成的社會，和這個社會的「文明」文化，也就基本顛覆了、崩盤了。

那麼按照一些「丹經」規定的次第和順序辦，會有什麼樣的結果呢？

呵呵，即使一些很不錯的經典，書中也是良莠不齊，一些「理論」本身就是「理論」而已，不能當真。就是我們平日說的話：不說吧，別人要聽；說吧，實在難言。於是有些硬憋出來的文字，就很可能是便秘的產物，舉幾個很有特色的例子吧，就說丘處機的《小周天歌》吧：

靜極而動兮，一陽來復。
藥產神知兮，妙訣通靈。
微陽初生兮，嫩而勿採。
藥物堅實兮，十五光盈。
時當急採兮，莫教錯過。
久而望遠兮，採之無成。
氣馳於外兮，神亦馳外。
神返於根兮，氣亦回根。
回根將盡兮，采封候足。
子時起火兮，須要分明。
如今云火兮，後天呼吸。
如何用火兮，呼降吸升。
用火玄妙兮，如無似有。
行火鼎內兮，息效真人。
火須有候兮，數息出入。
名曰刻漏兮，用定時辰。
自子至巳兮，六陽用九。
三十六息兮，採取進升。
自午至亥兮，六陽用六。
二十四息兮，退降煉烹。
卯酉沐浴兮，陽火息熄。
酉陰沐浴兮，陰符宜停。
不降不升兮，沐浴景象。
較之大周兮，略有微形。
周天三百兮，降卯酉數。
三百六十兮，連卯酉名。
再加五度兮，周天一巡。
復歸於靜兮，依然沐浴。
神凝氣穴兮，再候陽生。
行之既久兮，精返為氣。
回風混合兮，百日通靈。

六般震動兮，七日口訣。

大周功起兮，再指迷津。

這一首詩詞中，反覆提及「沐浴」一詞，這是值得說道說道的，它的另外的描述方式有：

但能息息都相顧，換盡形骸玉液流。

——漢鍾離《指玄篇》

本是水銀一味，周流遍歷諸辰。

——張伯端《悟真篇》

至道原來不易傳，窮微究理了塵緣。

山頭水降黃芽長，地下雷升白雪填。

慧月涓涓澄碧沼，玄風細細卷輕煙。

木性金情交相合，便是虛無太極圈。

——王重陽《最上一乘妙訣》

諸位高道的詩作中，紫陽真人言簡意賅。

丘處機的師父王重陽那一首，其中幾句，最具神韻，又最「寫實」：「慧月涓涓澄碧沼，玄風細細卷輕煙。」

不管諸子設喻種種，無非「沐浴」。佛曰：「醍醐灌頂」。

要抬槓的找佛陀去：

提多迦初生，光超日月燈。

山頂泉迸湧，此路少人行。

——普庵《贊三十六祖頌》

這裡，我把摸著了造化鼻孔的「沖氣以為和」的那個十年不遇的「傾盆大雨」，也歸納在日常的「斜風細雨」之沐浴中了，所以曰，對應著「醍醐灌頂」。老子道：「飄風不終朝，驟雨不終日」。

一粒復一粒，從微而至著。

及尋其根源，一粒如黍大。

——《金丹四百字》

那麼，紫陽真人這一句，也就不需要單獨作解了：

他用「外丹」之事，把一首「好雨知時節，當春乃發生。隨風潛入夜，潤物細無聲」，換了一種方式，說到吾人之修養上了。懂得，已經懂了。不懂得，多說無益。

問：「《大成集》之『九杯飲罷又九杯』，何也？」

董答曰：「此乃待身中真陽來復之時，當以時時採取。可謂「九杯飲罷又九杯」也。蓋坐時靜篤，則尾閭中有陽鼓動，而自覺之。當以此升至於頂，乃徘徊而降於黃庭，是謂九杯之意在其中矣。再為之，亦如是。可謂又九杯矣。但真陽之來，愈採愈盛。待其三要充足，爐鼎豐盈，自然現出嬰兒，而脫胎矣。此乃溫養時之造化也。」

——《丹道發微》

說點別的吧。我高中時還怕打雷，一到電閃雷鳴的夜晚就蜷縮一團，老爸都會帶個被子來，躺在床邊。現在每每思念他時，依然痛心，雖然基本能做到哀而不傷了……

「人情唯危」在修行入門後，體驗最深，那個套在猴子頭上的、防止他心猿意馬的，那個緊箍咒，是實實在在的有啊。

話說，我們的祖在山頂洞裏穴居時，那些驚天動地的雷電電閃下，心裏的陰影面子該有多大呢？

現在，有了科學，我們只需帶個避雷針，就是了，那有啥子可怕的？

怕被雷擊嗎？那你就別修道煉丹道了，呵呵，隋唐代的「胎息法」，除了「內丹」外，它在宋元之際還有另外的一個響亮的名字：「雷法」。

呂祖謂「陰陽生返復，普化一聲雷。」再品品佛系的「雷音」，《西遊記》裏，唐僧到了大雷音寺（那爛陀），才見到了真經，呵呵。

「雷擊」之下，「死而復活」者，祝賀你，通過了天上的殿試。

先天一氣即靈符，世人枉費墨和朱。

——薩守堅《先天一氣》

凡行持雷法，先服先天祖炁，點化一身凡胎之炁。蓋此先天祖炁，乃鴻蒙大道之根，當於混沌未分以前求之，萬法千門皆始於此也。

——《雷法議玄篇》

而且，縱使雷法，也是以丹道為基礎的，沒有這個基礎，什麼都是浮雲。

被陸九淵、王陽明敬仰了一生的北宋著名道士，翛然子張繼先以《心說》直接啟迪了陸王心學的發起，這位天師道第三十代天師，以其深湛的道行，最有發言權：

道法難忘咒與符，必須道妙兩相符。

> 先天道妙工夫到，咒訣符圖可有無。
>
> 法行大道合先天，咒訣符圖總是玄。
>
> 至道杳然無所得，符圖咒訣也徒然。

佛教是以釋迦牟尼為統一標準的，所以，佛經很具有「統一」性的特徵。

丹派則是在「玄篇種種說陰陽」的大綱下，發揮得很「任性」。

所以說，內丹道的「象言」我們參閱有所心得和體驗了，那麼，佛經是很「直白」的。

> 丹經萬卷皆象言也。象言者，非直言，非明言，非空言，非異言，乃有物有則，有指有證，取象演真之言。後人不究其意，止執其象，在儒者讀之，以為怪誕不經；在道者讀之，以為包皮外象，甚至有執象猜疑，百般做作，流於曲徑邪行，自傷性命者，不可枚舉。咦！是豈古聖先賢取象立言之意乎？易曰：法象莫大乎天地，變通莫大乎四時，懸象著明莫大乎日月。丹經皆本周易而作，其藥物火候，俱借天地、日月、四時以發揮其奧妙……
>
> ——《象言破疑・序》

託名丘處機的詩文很多，這不是今天我們研究的範圍。

我們今天探討的是，這些文學語言描述的丹道大小周天，有如此得複雜嗎？有那麼得神奇嗎？遣詞造句美則美矣，但是按照這個套路你能玩一玩嗎？呵呵。

北宋有煉士胡混成者，「幼習儒書，長慕道法，有志金丹大道久矣！寐飲食之問，未始一息忘焉！雖參訪行住坐臥，夢當世修真之士，往往皆指前人已陳之說，紙上腐朽之言，以相扇惑，何異借聽於聾，問道於瞽。子遂乃質於心，自謂歸而求之有餘師矣！愈求愈不足，愈修愈不驗，方知無師不傳，無師不度，虛費歲月，卒無成功。後因渡淮浙，寓跡廣陵，乘暇登廢城，彷徨四顧，歷覽山川，緬想松喬之不遇，慨恨鍾呂之未逢，恍然若有所失。夜夢神人，語以亟返，心神為之不寧者累日。遂假道白砂，而中途忽遇一道人，冰清玉潤，碧目童顏，豐神秀異，超然不群，似非塵中人物。余遂禮而前問其姓名，倪而不答，再三叩首，乃出扇相視，上書無言子，乃知先生得無言之妙。抑疑某為異人，自是日與從遊，執弟子之禮，蓋冀其一言以點化也。出則偕行，入則同息，若是者百日，雖累啟請，而終無言於答。日命予同出束關，過白砂舊市，至無人之境，乃命同坐曲江之濱，平沙之上，指水為盟，以杖畫沙，授金丹大道之旨，

首尾不過百餘字，備述鼎爐藥物火候之工夫次序之妙，纖而無餘蘊，曰道具足矣。……輒出己見，總括師言，附以短句，著此篇目，曰《金丹正宗》，以示同志。」

不過百餘字，其也短小精練。寫得敞亮，讀也痛快：

> 大道之要，不過如斯。後世丹書，千篇萬卷，長歌短句，往往不直指真一造化之本根，下手工夫之次序，無非假象設形，借彼喻此，何異空底談空，夢中說夢，求其功效，茫如捕風。其問不失於釋氏空寂之論，則流於傍門曲徑之僻，顛倒錯亂，枝蔓條折，欲使學者尋其流而莫究其源，欲入其門而莫知其徑，迷誤後人，惑也滋甚。於是金丹之道廢矣！

——《金丹正宗》

此情此景，古今皆然。

我知道有一位好道的同學，按照「丹經」，如法炮製，口乾、舌燥、氣虛、乏力，險些要命，很不容易很不容易地，才養了回來，但是已經大傷了元氣。他是「一絲不苟」地，意念配合著呼吸和「真氣」，依照經云，一絲不苟地去做的：

子時起火，運氣於尾閭，後升六陽共 216 息，前降六陰 144 息……

這位自學者，首先他不知道古人那個「假象設形，借彼喻此」的傳統。其次，沒有得遇明師告訴他：在理論的落實過程中，從氣穴的發現、真氣的啟動，其真種神息的「進火退符」、「溫養沐浴」等「文武火候」，自然地就把乾坤闔闢、天地造化融匯入一爐，運用在一時，攢蔟於一竅！是不須施加人為，一切都是自動完成的。讀過一本俄國大佬葛吉夫的書，看到他說在這個狀態下，「人不能做」，就知道了這位「二十世紀的達摩」，他實在是悟出了老子心法。

要是把這一套「理論」當方法去「落實」，簡直就是死路一條，何言「長生」？

內丹道這個事啊，就像股市一樣，十個在練，九個在陪，在賠，在割肉。

你若執著地認為「經典」就是「經典」，是不容置疑的。那麼，我再給出幾個「經典」語錄，看完了，感覺一下，你敢「按圖索驥」地照著比劃嗎？

這是從《伍柳文集》等書中翻出來的，不容易看懂的，需要大量的古代的天文曆法和納甲的知識，這個自己去參研究吧，這個說來話長，沒完沒了。

　　我想古人也被古人的「理論」大傷過其神，不然就不會有這般的覺悟，呵呵。

　　周天者，如日月行天，一晝一夜行天一周也。

——《仙佛合宗》

　　天上有十二支之辰位，煉丹亦有十二時之火候，故六陽用進，六陰用退。沖虛子曰：「子至巳六時為陽，陽合乾，故用乾爻乾策。乾爻用九，而四揲之為三十六。故陽火亦用九，同予四揲。午至亥六時為陰，陰合坤，故用坤爻坤策。坤爻用六，而四揲之為二十四。故陰火亦用六，同予四揲。陽時乾策二百一十六，除卯陽沐浴不用，乾用實一百八十也；陰時坤策一百四十四，除酉陰沐浴不用，坤用實一百二十也。合之得三百息周天之數也，閏餘之數在外。蓋三百數者，實非三百息，皆比喻辭也。」所言閏餘者，即是如同年，並非三百六十日，而實為三百六十五有餘；月，並非三十日，而實為三十日有餘；日，並非十二時，而實為十二時有餘一樣，行周天亦並非正好一周，而是比一周略長，故謂閏餘。此閏餘即「歸根還於下丹田之處，亦有溫養沐浴之位也。」

——《金仙證論》

　　丹經每謂周天必數三百六十息，方足一周之數。余謂但行一周，即足三百六十之數。至中間三十六、二十四等說，均是設辭，並非令學者遇陽生時，真數三十六；遇陰降時，真數二十四也。至換卦抽爻，亦是此義，不過虛比，安有爻象之可言哉？因一陽初動，氣到尾閭即曰復卦，又曰子時。再升為二陽，在時為丑，在卦屬臨。再升而為三陽，在時為寅，在卦為泰。再升而為四陽，在時為卯，在卦屬大壯。因其陽亦極盛，故此時有沐浴之說，不過停而不行之謂也。稍停即有動機，復上升而為之五陽，在時為辰，在卦為決。再升而至玉枕，在時為巳，在卦屬乾。六陽備足，故有變也。由乾而變為遘，在時屬午也。由斯漸漸下降，而遁，而否，而環，而剝，而坤，又歸根矣。其實十二時與十二卦，均是虛比，不過氣到何處即為何時何卦，並非真有時有卦也。

——《道鄉集》

　　《金仙證論》說的「蓋三百數者，實非三百息，皆比喻辭也。」

《金仙證論》的「了然五問」節中，柳華陽一連給出了四個回答：「而名是法不是」、「而名是訣不是」、「而名是事不是」、「而名是火不是」。

《道鄉集》指出的「其實十二時與十二卦，均是虛比」。

皆為真言高見！可以提膿去腐矣。

有趣的是，當了然同學困惑了，難道四者都不對嗎？

柳老師答第五問曰「道，最重在口傳，不得真傳，四皆非矣。如果得真師，其四具真，不但四真，千真萬聖俱合此火之玄妙，而三教成道者，亦此火之玄妙。」

有趣的是，「事」既然都「不是」了，何來「名是」呢？

即事實上都不是這麼一回事了，那個理論是哪裏來的？

與「實踐」根本不相符的「理論」，也能堂而皇之地被不斷地「傳承」著？

這種自相矛盾的「說法」也只有在《黃帝內經》、在中國傳統中可以見到。

> 妄言一竅在眉心，直入三分可許深。
>
> 誤殺世人真可笑，如將鍮石作黃金。
>
> ——翛然子《明真破妄章頌·似是而非》

當然我們也不能苛求古人，他們比我們的「摸著石頭過河」更艱難。

畢竟，我們前面還有「古人」，古人是在「前無古人」條件下，探索未知世界的。

而且，宋代的統兵大元帥們，每每出征，皇帝都要給一塊「石頭」，「抱著石頭過河」的故事，讀來非常有趣：

宋太祖結束五代十國統一天下不奇怪，他是宋帝中唯一的天才軍事家。他命將出師，只在臨行前作簡要的指示和告誡。

宋太宗實行的是「將從中御」的政策，授予出征將帥應對謀略、攻守計劃，甚至當部隊出征時，他總是預授將帥陣圖。

我們知道陣圖多是從《三國》那裡來的，上溯其源，陣圖這樣東西，從先秦開始就在軍事中廣為運用，並未有固定的好壞之說，無非是看使用時的因地制宜，能用則用，不能用則棄。冷兵器時代作戰，列陣是必須的。既然如此，則列陣用兵之法當然古來有之並不奇怪。

宋史中收有宋太宗陣圖名作平戎萬全陣圖，這套陣圖被記錄在北宋官修的武學書籍《武經總要》中。平戎萬全陣是太宗一朝軍事陣法中最重要的陣法。

　　這套陣法怎麼運作呢？人數高達 14 萬人，分布大陣五處，除非戰場是預設的，雙方如先周時代，約兵會戰。而將帥還必須在會戰前，事先選定適合 14 萬人佈陣的大場子才行。

　　此外，這套陣圖中，宋人騎兵只屬於配合支持力量，與遼軍騎兵來去如風的作戰力量完全不可等量齊觀，甚至宋軍在大陣中還出現了戰車。

　　顯然，這個人數多到爆的平戎萬全陣，其功用只有一個：在事先約定的時間內、在事先選好的場地上，宋人有條不紊地布置好 14 萬人的大陣，等著遼軍來衝擊……

　　這畫面美得不敢想像。這種打仗方式基本是不會存在於宋遼戰爭中的。至於宋軍，也不用渴望遼軍如宋襄公一般愚蠢。因此，宋史上，我們完全看不到宋人用這平戎萬全陣圖作戰的記載。

　　但是史書確鑿地記載了，宋太宗每逢將帥出征，都會鄭重其事授予主將一張陣圖，並聲明，按圖打仗，敗亦無妨。自作主張，就算違令。將帥們一見此圖，心裏無不叫苦連天，但表面上還得裝出如獲至寶、兩眼放光的驚喜狀。結果自然眾所周知，北宋長年被人家打的丟盔棄甲。最諷刺的是滿城之戰中，統帥李繼隆與將領們眼看遼國騎兵將至，按陣圖必敗無疑，集體決定不按天子陣圖行事，結果打了個罕見的大勝仗。

　　這一仗在戰鬥前，宋太宗一如既往地給前線將領頒陣圖：皇上陣圖要求宋軍列為八陣，每陣相隔百步。而在實際交鋒前，宋軍將領登山遠眺觀，不由大吃一驚。遼軍十萬騎兵裹著滾滾塵土而來，宋軍如此八陣，首尾相去太遠，完全無法與遼軍騎兵對抗，極易遭遼軍分割殲滅。那些久經戰陣的將士對八陣也沒有信心，大家都覺得，這麼打下去，這一仗必敗無疑。

　　眾將緊急商議：「主上委吾等以邊事，蓋期於克敵爾。今敵眾若此，而我師星布，其勢懸絕，彼若持我，將何以濟！不如合而擊之，可以決勝。違令而獲利，不優於辱國乎？」

　　主帥有主帥的難處，萬一不勝，又違反了太宗的陣圖，這責任誰承擔？崔翰知道，這陣圖畢竟是皇帝親賜，不能隨便改動。萬一改動了再打不贏，這責任是要有人承擔的。趙延進當然知道崔翰所擔心的是什麼，他主動表示：「倘有喪敗，則延進獨當其責。」話雖這麼說，崔翰等人知道，畢竟趙延進是皇親國戚。趙延進的老婆是宋太宗前皇后尹氏的妹妹。趙延進說這樣的話，他自然是不怕什麼，到底是後臺硬，說話也硬氣。崔翰等人還有點猶豫。可就在這時

候，另一個關鍵人物出現了。這就是李繼隆，他力挺趙延進：「事應有變，安可預定？設獲違詔之罪，請獨當也。」至此，兩位將領站出來願意承擔責任，這讓大家心裏放心了許多。趙延進是外戚自不用多說，這李繼隆也不是普通子弟。除了父親李處耘與太祖皇帝關係緊密之外，李繼隆的妹妹是宋太宗皇后李氏。同為皇親的兩人願意承擔責任，大家放心了。

再然後，宋軍違背太宗陣圖，將八陣改為前後兩陣。

再然後，歷史大家都知道了，滿城會戰宋軍大獲全勝。

北宋從太宗之後，幾乎個個皇帝都是陣圖迷，每個人都是繪圖高手，一直繪到靖康之變。

到了南宋初年，還有很多將領執迷不悟，對陣圖深信不疑，把它當作宋朝的國之瑰寶，嚴禁外傳。

南宋初年的抗金名將宗澤，也是一個陣圖迷。他見岳飛是個難得的後起之秀，日後必成大器，有意調教指導他。於是宗澤一本正經地拿出一本陣圖書交給岳飛，並說這是當年太宗皇帝留下的陣圖，乃不傳之秘，要他好好學習噢。誰知岳飛看了一眼就給扔一邊了。宗澤驚問其故，岳飛說：「兵家之要，在於出奇，不可測識，始能取勝。陣而後戰兵法之常，運用之妙在於一心。」

宗澤被說得心服口服。宗澤給岳飛看的陣圖是否是平戎萬全陣圖？全陣圖乃天子御製，屬於高度機密，不是普通人可以看到，一般書上也沒有記載。畢竟軍事機密隨便流傳出去，萬一給北方胡虜知道了學會了，那打仗還有什麼把握可言？

實際上，宋廷自從太宗時代開始，已然成為一個製造陣圖的朝廷。北宋一朝，除了太祖時代沒見陣圖記載，其他歷代官家，沒有誰是不熱衷御製軍事陣圖的。這種現象，在中國古代史也算是前無古人後無來者，自己翻歷史吧。

同時，上有所好下必效焉。宋代文人士大夫普遍有喜論兵的毛病。

《古文觀止》收有一篇蘇洵的《心術》，從「為將之道，當先治心」起，通篇看下來，沒有哪一句是不談兵的。

蘇洵，作為唐宋散文八大家以文章出名，真讓他上前線帶兵，呵呵。

呵呵。李雲龍說了，「這活兒你們文人幹不了……」

就到這兒吧，兩宋之際，官家帶頭，文武臣僚一擁而上，軍事陣圖滿天飛，不論有沒有用於行軍作戰，反正先當個寶貝用著、囤著，總是符合主體思想的。

　　藥既封固，即當速運周天法論，子時進陽火後升，至巳時止。午時退陰符前降，至亥時止。進陽火中間，有卯時沐浴。退陰符中間，有酉時沐浴。所謂有妙用者何也？蓋自子至巳，用在神住下田，呼文而吸武。自午至亥，用在神住上田，呼武而吸文。卯時之沐浴之，用在神住夾脊，呼吸無心，默記三十六吸。酉時之沐浴，用在神住黃庭。呼吸無意，默記呼數二十四。是卯酉二時，息運無為之文火，而心定有覺有照，而無為也。此陽火陰符沐浴之位也，築基之功，非此火符別無漏盡之本，而馬陰不能藏相者也。

　　　　　　　　　　　　　　——《大成捷要・陽火陰符口訣天機》

　我前面說的那位同學，在「藥既封固後」，就是嚴格地一絲不苟地「如法」而行：

　唉，自古深情留不住，唯有套路得人心。

　這個「彎道」太險了，那孩子險些自己把自己就玩殘廢了。

　我給了他解藥，也不知是否有效。

　這裡一段話，這才是大明白人說的大明白話：

　　又有一等糊塗漢，認不得真師，朝王暮李，學此小乘工夫，亦負有道，即有明人在前，不肯低心下氣，亂作亂為，或心氣下降，腎氣上升為逆行，或運氣後升前降為逆行，或還精補腦為逆行，或閉氣定神為逆行，或採陰補陽為逆行，或男下女上為逆行，如此等類，千門萬戶，皆是背逆聖道，非是逆運造化；盡是取死之道，非是至生之道。殊不知逆者，逆回於父母生身之初也，如人離家遠出，而又逆回於家之謂。

　　　　　　　　　　　　　　　　　　　　——《象言破疑》

　所以蕭天石在《談周天訣要》引用了一段「通一齋老人」的感歎，也是「為有見也」：

　　余閱歷三十年來，見有執著治病藥書中之小訣，一吸便提，息息歸臍；一提便咽，水火相見；為小周天者矣。見有不用度數，不須火藥，但後升前降，日夜空轉，為小周天者矣。見有後陞於前，前返於後，前後反覆，為小周天者矣。見有私意穿鑿，誤會丹經，進陽火三十六，退陰符二十六，至卯酉二時停火，自謂得火候之秘，而為小周天者矣。見有由尾閭起子，逐節運氣，積成十二時，而為

小周天者矣。似是而非，似真實偽，種種旁門，難以枚舉，深歎柳
真──「名是訣（事）不是」之言，為有見也。

了然同學困惑了，四問都不對哎。

第五問時，柳老師真情相授：

道，最重在口傳，不得真傳，四皆非矣。如果得真師，其四具
真，不但四真，千真萬聖俱合此火之玄妙，而三教成道者，亦此火
之玄妙。

──《金仙證論》

了然撓頭了沒有？反正，如此，種種，讓藥聖非常的鬱悶，所以以平生精
力，他要重訂本草……

當柳華陽給出「名是事不是」這個評語時，那是宗師所經歷的參閱、疑惑，
和最終豁然的一個共同結果。

他要是不留下這個「離經叛道」的批註，真不知後人多少人，要在「經典」
中「沒頂」。至少我在看到這句批語前，已經困惑了二十年。

那好，給它換個通俗的說法吧：說的是一套，做的是一套。

有童鞋就會心地笑了，你笑個啥子塞？凡中國人，沒有不懂的。

在內丹道這個性命之學上，同樣，也重複著這一「原則」。

它的理與法，是「截然分離」的。

所以紫陽真人才說，「契論經歌講至真，不將火候注於文。」

又說，「饒君聰慧過顏閔，不遇明師莫強猜。」

老和尚們也笑了，紛紛點贊：

學道蒙師詣卻閑，無中有路隱人間。

饒君講得千經論，一句臨機下口難。

──龍牙《居遁頌》

和泥合水實辛勤，不遇明師事不成。

今已連天鋪滿地，順緣無漏必通津。

──普庵《行住坐臥三十二頌》

五千年的封建文化，不是一時就能「移風易俗」的。它有這樣一個特色：

無論是做人做學問，抑或經商、入宦、修道者，不得真傳，欲入其道，不
亦難哉？我參透這個的時候，記得還年輕，氣得一拳砸在桌子上！多少年以後
想起來，莞爾一笑，這也是中國文化「博大精深」的內容之一呀。

「名是事不是」還有個「反義詞」:「名不是而事是」。釋曰「一義而多名」，古典文學名著稱為「七十二變」。

不囉唆，也換個通俗說法吧，就是不同的命名，指向同一人、同一物。

諸如，胎息法、內丹術、雷法。老子謂:「同出而異名。」

　　雷乃先天炁化成，諸天先聖總同真。

　　我身一炁相關合，同祖同宗貼骨親。

　　　　　　　　　——翛然子《明真破妄章頌·一氣相關》

今天天氣不錯，試著「為賢者諱」一下:其言當升之時萬不可降，當降之時萬不可升，中間卯時、酉時還有沐浴——學者當識，這裡的卯時、酉時——都不是指後天的固定時辰。周天是自然妙行的，凡三百六十周天數息三百六十回者等等，很難說這個「彎道」是太大了，還是太小了。

同樣，張三豐的《五更道情》只是言火候不斷、工夫不息之義，學者不能以為一更時就是行一更時的工夫，二更就是行二更工夫。又如丹經在「子時」概念之外，特意又有個「活子時」的概念，就是告訴學者須活學活用，不可拘泥於文字、名相。

若追溯《五更道情》的根源，可以到宋代，這不僅是中國傳統文化的高峰，也正是內丹學體系豐富完善的時期。好道的博士們寫出的修真詞，可謂美輪美奐，有度清霄五首者，讀來即賞心悅目:

其一:一更一點一更初。城門半掩行人疏。茅庵瀟灑一事無。孤燈相對光清虛。蒲團安穩身不拘。跏趺大坐心如如。月輪微出天東隅。空中露出無名珠。

其二:二更二點二更深。宮鐘聲絕夜沉沉。明月滿天如寫金。同光共影無昏沉。起來間操無弦琴。聲高調古驚人心。琴罷獨歌還獨吟。松風澗水俱知音。

其三:三更三點三更中。煙開霧斂靜無風。月華逆入水晶宮。四方上下同一空。光明遍轉華胥同。千古萬古無初終。鐵蛇飛舞如流虹。倒騎白鳳遊崆峒。

其四:四更四點四更長。迎午逆鼠心不忙。丹爐伏火生新香。群陰剝盡回真腸。金娥木父歡相當。醍醐次進無停觴。主賓倒置情不傷。更闌別去還相忘。

其五:五更五點五更殘。青冥風露逼人寒。扶桑推出紅銀盤。

城門依舊聲塵喧。明暗二景交相轉。生來死去紛易換。道人室中天
宇寬。日出三竿方啟關。

在錫克教的經典中，古魯們把自己的修行，也用了「周歌」形式的描述。
這個據說是真古魯的作品，原文找不到，也不知是哪位秀才翻譯的，讀來有點
洪天王的詩風，耐著性子看吧，也是一樂：

在每一周的每一天，將讚美主的歌唱起，
透過在世明師恩典，把上主的國度來取。
星期天奉獻首日始，讓你身體中的心智，
靜止如宮殿的樑柱，如如不動日夜專一。
持守住意念於裏面，在禪寂的靜謐之中
風笛的樂聲將冉起。
星期一月將露華灑，盛甘露來嘗莫遲疑，
把紅塵煩擾即刻拋，安住你的心以聖音。
持守自己於門宅內，你必嘗到天上滋味，
浸在喜樂中復喜樂。
星期二決志入真理，勇敢地拋卻五毒道，
切勿離棄家中寶藏，出外冶遊尋覓無常，
否則心中心將不悅。
星期三智慧曙光到，照見心蓮永在之處，
即刻將明師來覲見，了悟他與至尊同一。
並向火裏栽蓮逆反。
星期四拋卻爾狂性，將三層衣衫來脫卻。
攀附自己於翠庫堤，在三道河流交會所，
沐浴其中消除業債。
星期五齋戒聖日臨，矢志不食人間煙火。
向低級的趣味宣戰，無情地控制五欲念。
非上主決不投一瞥，讓汝眼不渴慕它物。
星期六定入三摩地，將裏面的燈籠點亮，
讓內外皆輝耀神光，在燦爛輝煌的光中，
業力的陰影漸褪去。
即使僅有一絲誘惑，殘存在爾心中蠢動，

你也不會得到允諾，來進入你的主的國。

唯有透過全心奉獻，浸染於聖愛光華者。

2

閱讀一篇大德蘭大德蘭嬤嬤修行的直白、率真的、「粗淺」的文字，讀完這個再讀丹道的，一定會別有一番滋味：

> 女兒們，我再重複一次，靈魂是不會知道天主何時賜予那個聖寵的。是的，你們一定想問你怎樣獲得了神聖的「顯靈」？好的，現在我告訴你們我所瞭解的一切。我們不必討論祂什麼時候光臨，因為那只是由於上主的意志，只有祂知道，我們是不必在這裡絞腦汁的。……祂往往賞賜那些不大想這些的靈魂。……我再說一次，如果我們真有無我精神，天主是不會沒有賞賜的，不，還要給的更多。

> 聖奧斯定告訴我們，他在許多地方去尋找上帝，最後卻在心中尋到了。如果上帝要賜予，那靈魂真是得到了神助。然而你們卻不要盲目地用「智慧」、想像或人力。將上帝表現在你們眼前。

> 這種寧靜（「惚兮恍兮」、「恍兮惚兮」、「窈兮冥兮」）乃是一種諦聽天主（「元神」）聖言（「道自虛無生一氣」）的準備，有若干書籍告訴給我們，那時要避免推理(「識神」)，注意默觀吾主的工作（「饒他為主我為賓」）。吾主會以心曠神怡來沉醉修道士，使得他們沒有了「思想」（「元神主事」），否則的結果只是害多利少，這些神修學者的說法是令人信服的。有一位，他給我引證聖伯鐸亞剛大拉的某冊書籍，我想他是真聖人（「明師」），我也很高興的接受他的意見，因為我曉得他對這一問題素有研究，在讀過他推薦的書，我發見他和我所講述的並沒有兩樣，只是話語的不同。

> 未進入寧靜時當如何？第一，在這件神聖的事件上，思想簡單的人容易成功。第二，勉強不得，比如人們想制止自己的呼吸，這是難以做到的。而將個人交給上主，由祂為所欲為（「饒他為主我為賓」）。

> 如果心中感到了沉醉，感謝上帝，好時候（「活子時」）到了。不必問其所以然。雖然我們不去強行停止思想，而思想它自然地消停了，不過為時（「活子時」）極為短暫而已。

正因為她沒有那麼高深的「理論」水平，不識陰陽，未聞八卦，所以這些「大白話」對於修行人的指導，反倒是能更好地惠澤於修行文化愛好者們了，這也是在注解丹派南宗《悟真篇》這「陽春白雪」時，我之所以引用了大量的蘇非和基督徒中這些「下里巴人」的經驗之談：

> 姐妹們，如果我們因為這些文字獲致了上述的兩種利益，那麼我的寫，你們的讀，這些勞什子就不算白費了。神學家與有經驗的人們，都很瞭解這些真理。但是我們這可憐無知的婦人們為瞭解它，就要通過一些比喻，但願仁慈天主賜給你們能應用這些經驗教訓的聖寵。

> 瞭解內修之事是很困難的，很多次我拿出紙來，憒憒懂懂，不知道說些什麼，也不知道從何處說起。我這愚鈍之人勉強使用許多無用題外的話來比喻、解說。所以你們讀的時候也需要耐心。

所謂周天即是由「活子時」開始，經復臨泰壯夬乾姤遯否觀剝坤，循環不已。

參看《中和集》、《規中指南》火候圖、《三天易髓》火符直指和邵康節《天根月窟詩》，丹經上寫起來一套一套的，到《大成捷要》的「陽火陰符口訣天機」，算是「天機全洩盡」矣。

漫說初學看得已經苦不堪言了，試想要是紫陽真人沒有飽受其苦，他也不會如此感歎：

> 卦中設法本儀形，得象忘言意自明。
> 舉世迷人惟泥像，卻行卦氣望飛昇。

——《悟真篇》七言絕句第五十七

要是伍柳師生沒有深受其害，他們也不會留下「一聲歎息」：「名是事不是。」

而實際工夫呢，不過一來一去，頃刻之間而已；不過靜極而動、動極又靜；不過無中生妙有、妙有又歸虛無。

如此反覆，玩得「不亦樂乎」，「不知老之將至」。這個留在「不識真鉛正祖宗萬般作用枉施功」中說解。

且那一個「採」字，已不知迷倒多少學者。「先天一氣」焉能「採」得？

只需把心息相依工夫做到極致，神炁自然「而應」、自然「合一」，不採而自採。

沖虛子曰：「證得先天，始名一氣。」

王重陽總結這種「隔礙潛通」的內丹道現象為：「內真而外應，先天之炁，自然感通。」

嘖嘖，看施狀元的文采：

> 天人本一氣，彼此感而通。
>
> 陽自空中來，抱我主人翁。

到底，「半夜三更天」就起身偷採並偷到這盤菜的人不多，加之，以「春秋筆法」暗示；或者，以文學的形式渲染；亦或，當下找不出詞語描述一種身心感受，而回首人生，除了青春期發現的那種、眾生終其一生孜孜以求的、老命玩丟了也至死不悔改的那個「高峰體驗」之外，似又舉不出可類比此感受例子，或曰「醉」或曰「酥」一筆而過。

> 我們現在可以說，靈魂在呼吸著甘馨，彷彿在她的深處，有一爐炭火，在焚燒著芬芳的香屑。雖然我們看不見爐火何在，也看不到火爐。然而溫溫之暖與嫋嫋之煙卻深入到整個靈魂。很多次，如同我說過的肉身，也得分享了一杯香羹。
>
> ——St. Teresa of Avila（1515～1582）

先師李錫堃授道時，最強調「雖說不要著相，但要注意維繫這種『若居溫蒸』中的感受，把它固化下來，以後容易坐下就找到」。此時之「炁」，名雖「水中金」，狀如「太素煙」，感覺上更像溫水。悠然灌滿我之「臭皮囊」，而我則「癡癡呆呆」、「飄飄欲仙」……

> 真人潛深淵，浮游守規中。旋曲以視聽，開合皆合同。為己之樞轄，動靜不竭窮。離氣內營衛，坎乃不用聰。兌合不以談，希言順鴻蒙。三者既關鍵，緩體處空房。委志歸虛無，無念以為常。證驗自推移，心專不縱橫。寢寐神相抱，覺寤候存亡。顏色浸以潤，骨節益堅強。排卻眾陰邪，然後立正陽。修之不輟休，庶氣雲雨行。淫淫若春澤，液液象解冰。從頭流達足，究竟復上升。往來洞無極，沸沸被谷中。反者道之驗，弱者德之柄。芸鋤宿污穢，細微得調暢。濁者清之路，昏久則昭明。
>
> ——《周易參同契》

大德蘭嬤嬤也有關於「炁」之動、靜的比喻，懂的自然懂：

> 雖然與天主住在一個房間，不管你們升還多高，也不要忘記自

己算是什麼。謙遜的靈魂就像蜜蜂一樣，在巢內醞釀，不然，一切
都是白費了。但是你們要知道。蜜蜂並不一直蟄伏於巢穴，它也時
時出去採花吮蜜。靈魂也一樣，請信我吧，她該不時地飛翔遨遊，
以便觀賞天國的偉大與尊威。

比起「小周天」而言，「大周天」只是更多了些「清靜無為」的成分而已，
及至於無來無去，不見首尾；不增減不抽添，惟余綿密。動如斯，靜如斯，行
住坐臥，亦無不如斯，即為「得道」。

> 爭似無為實相門，朝歌暮拍整乾坤。
>
> 東邊打著西邊響，到頭只用一光吞。
>
> ──普庵《頌證道歌》

換個形象的說法就是，「夾脊分明有路通」，也就是，普庵禪師、三豐道祖
語境中的那棵「無根樹」成型了。

> 直截無根樹子鋪，超凡越聖大心粗。
>
> 忘軀為法方如此，擔板真如大丈夫。
>
> ──普庵《行住坐臥三十二頌》

這個「夾脊」得注意，它已經不是針劑意義上的穴位了。

又何謂「無根」呢？

先天一氣不是色身上的對象，是源自先天（植物性神經系統）的嘛。

又何謂「樹」？除了主幹，還要有「枝繁葉茂」（奇經八脈十二經絡）嘛。

故也，「無根樹子鋪」，對應著丹派的氣穴、玄竅。

祖師在給入室弟子的《與夢九》中，說得分明：

> 我唱無根卻有根，琪花瑤草欲封門。
>
> 洞中藏得小天地，睡到盤陀石上溫。
>
> ──張三豐《雲水集》

看這兒，神僧又換了一個說辭，會麼？

> 飯湧維摩缽，聞香即解脫。
>
> 後來香積人，到被他輪撥。

另外，還有什麼昏迷七日說，那個扯得太遠了。

為什麼會有這種說法呢？

因為《易經》有一句名言「七日來復」，丹派很看好，於是援用後賦予了
新意。這個另開一節《七日來復》中講吧。

　　這麼說，佛教是很看不慣很鄙視的，謂之「自了漢」，呵呵。也別聽它瞎胡扯，這是世界觀導致的。你看滿世界燃指、斷臂等等自殘、自焚之駭聞，只有和尚能做出來，這讓「拔一毛而利天下不為也」的「道家」看得「目瞪口呆」。說到底，還是那個世界觀和思維模式的問題。一個看重的是圓圈（無），一個是環中一點（有），著眼點不同，所以佛道就有了不同的旨趣。一旦摸到那一點兒，這在釋教中的，就是名副其實的高僧了：

　　　　絕頂無人處，融會亦非難。
　　　　獨步依無住，圓心豈往還。
　　　　深深妙在無言說，莫教閒指動風幡。
　　　　大事徹頭須進步，白雲千里故鄉關。

　　　　　　　　　　　　　　　　　　——普庵《示行者》

　　　　萬山深處一茅庵，朝暮雲霞當小參。
　　　　最是溪聲關不住，廣長日夜語喃喃。

　　　　　　　　　　　　　　　　——憨山《示南嶽庸質山主》

　　至於要不要那一點，這取決於修行人的「世界觀」了。
　　古人沒有看到「旅行者1號」傳回的那泛著微藍的一點……
　　於是，要不要這一點，兩個宗教吵了起來，槓了一千年……
　　往具體處說，就是在懟○與‥：
　　佛教說「空空如也」。
　　丹派說，莫非你真的是「有眼無珠」？
　　竟然「一點兒」也看不到？
　　在一部小說裏，就有這麼很精彩的一段：

　　　　（呂先生）直到黃龍寺墜下雲來。
　　　　伽藍通報長老：「呂先生在方丈外聽法旨。」
　　　　黃龍道：「喚他進來。」伽藍曰：「吾師有請！」
　　　　洞賓到方丈裏，合掌頂禮：「來時奉本師法旨，有封書在此。」
　　　　長老已知道，教取書來。呂先生雙手獻上。長老拆開，上面一個圓圈，圈外有一點，上下有四句偈曰：丹只是劍，劍只是丹。得劍知丹，得丹知劍。
　　　　黃龍曰：「覷汝師父面皮，取了劍去。」
　　　　洞賓向前，將劍輕輕拔起。「拜謝吾師。呂岩請問：吾師法語，

『圈子裏一點』；本師法語，『圈子上一點』，不知是何意故？」

黃龍曰：「你肯拜我為師，傳道與你。」呂先生言：「情願皈依我佛。」前三拜，後三拜，禮佛三拜，三三九拜，合掌抱膝諦聽。

黃龍曰：「汝在座前言，一粒粟中藏世界，小合大圈子上一點。吾答一粒能化三千界，大合小圈子內一點。這是道！吾傳與你。」

呂先生聽罷，大徹大悟，如漆桶底脫，「拜謝吾師，弟子回終南山去拜謝師父。」黃龍曰：「吾傳道與汝，久後休言自會，或詩或詞留為表記。」就去取那文房四寶將來。呂先生磨墨蘸筆，作詩一首。詩曰：捽碎葫蘆踏折琴，生來只念道門深。今朝得悟黃龍術，方信從前枉用心。

作詩已畢，拜謝了黃龍禪師，徑回終南山，見了本師，納還了寶劍。

從此定性，修真養道，數百年不下山去。功成行滿，陸地神仙。正是：朝騎白鹿升三島，暮跨青鸞上九霄。後府人於鳳翔府天慶觀壁上，見詩一首，字如龍蛇之形，詩後大書「回道人」三字。詳之，知為純陽祖師也。詩曰：得道年來八百秋，不曾飛劍取人頭。玉皇未有天符至，且貨烏金混世流。

《醒世恒言》是明末文學家馮夢龍纂輯的白話短篇小說集。有意思的是，檢索相關資料時，發現《內經圖》上的那首詩，居然在小說裏還出現過：

呂先生先賦詩一首：

> 鐵牛耕地種金錢，石刻兒童把線穿。
> 一粒粟中藏世界，半升鐺內煮山川。
> 白頭老子眉垂地，碧眼胡僧手指天。
> 休道此玄玄未盡，此玄玄內更無玄。

黃龍和尚應對一首：

> 自有紅爐種玉錢，比先毫髮不曾穿。
> 一粒能化三千界，大海須還納百川。
> 六月爐頭噴猛火，三冬水底納涼天。
> 誰知此禪真妙用，此禪禪內又生禪。

先生道：「和尚輸了，一粒化不得三千界。」黃龍道：「怎地說，近前來，老僧耳聾！」先生不知是計趨上法座邊，被黃龍一把捽住：

「我問你：一粒化不得三千界，你一粒怎地藏世界？且論此一句。

我且問你：半升鐺內煮山川，半升外在哪裏？」先生無言可答。和

尚道：「我的禪大合小，你的禪小合大。本欲斬你，佛門戒殺。饒你

這一次！」手起一界尺，打得先生頭上一個疙瘩，通紅了臉……

　　小說裏的黃龍禪師被略略地塗抹了一層「潑皮」氣息，其所質問也有幾分

無釐頭的禪宗味道：「半升鐺內煮山川，半升外在哪裏？」讓善於元曲的丹派

大家混然子來回答這個問題吧：

　　擎天柱地半升鐺，龍虎擒來一處烹。

　　武煉十回文火煉，丹成九轉步蓬瀛。

　　半升鐺者，乃土釜之異名也。在人身天地之正中，戊巳之宮，

神氣之穴，得此者陰陽可以交，性命可以活。呂純陽祖師所謂「一

粒粟中藏世界，半升鐺內煮山川」是也。學者不可勉強猜度，須從

明師口授，而後可知。古云：踏破鐵鞋無覓處，得來全不費工夫。

　　　　　　　　　　　　　　　　　　　　——《還真集》

　　月窟天根在一軀，無中生有有生無。

　　坎離既濟懸胎鼎，天地渾藏黍米珠。

　　經演五千言道德，丹傳三百說陰符。

　　學人要識中間意，盡在濂溪太極圖。

　　　　　　　　　　　　——混然子《述金丹工夫三十六首其一》

　　學道不難知，都在人為。

　　須憑玄牝立根基，以坎填離無間斷，得造希夷。

　　神靜相依，龍虎皈隨，無中養就個嬰兒。

　　迸破頂門神出現，爍爍光輝。

　　學佛玩真空，要識玄中。

　　虛靈不昧是根宗，無色聲香味觸法，赤骨身窮。

　　應變利機鋒，三界圓通。

　　木人石女笑春風，大地山河歸一粟，廣納包容。

　　　　　　　　　　　　　　　　——混然子《煉丹砂二首》

　　不過更有意思的是，「一粒粟中藏世界，半升鐺內煮山川」這句丹派名言，

確實是經過佛系叢書的宣傳，才廣為人知了。

　　常究《陰符》、《道德經》，此來堪重呂先生。

（注）呂先生名洞賓，蓋近代得道也。

養藥未論三載火，煉丹直指半升鐺。

（注）呂先生詩云：一粒粟中藏世界，半升鐺內煮山川。

——林太古《龍虎還丹訣頌》

在這部成書於北宋初年的丹經中，林太古撰訣，谷神子頌。「呂先生名洞賓，蓋近代得道也。」「呂先生詩云：『一粒粟中藏世界，半升鐺內煮山川』」。谷神子指明「呂先生名洞賓」，稱引楊億復述的呂洞賓無題詩為「呂先生詩」，故知呂先生指呂洞賓。

在佛教叢書中，這一句被選中了，用作呂洞賓向黃龍參問的機鋒，記載於《仙苑遺事》，也就成了南宋釋志磐《佛祖統紀》的資料來源。所以說佛系在做這一篇文章時，還是有一些「技術含量」在焉。

再向前推至唐朝，就可以找到「一粒粟」的始作俑者「岑和尚」了。

岑有贊云：夜半推出日輪，天明把住桂轂。拈將四部洲，放在一粒粟。奏無弦而非履霜之樂，唱胡歌而非白雪之曲。大冶煆絕礦之金，痛錘碎無瑕之玉。東湖赤梢鯉魚，生出金毛鐵牘。

——《摩訶般若波羅密多心經唐大顛禪師寶通注》

不知道這是不是原始的種子了？不想再推了。

南宋道融編撰的《叢林盛事》說：圓極景岑和尚，臺之仙居人。抱節孤高，近世罕及。久依雲居如和尚。在書司十七載。如遷寂，一錫回浙，依正堂辨於道場。未幾，令董座元，出世雪之卞山，乃石林先生講易之地。辨意具此一瓣香為拈出，而岑竟嗣雲居如。叢林多高之。後歷董大剎，然福緣蹭蹬，涉世多艱。岑終不以介意，平生施利，未嘗經眼。後退常之華藏道場而終焉。有語錄二十卷行於世。

這段話裏說，這位唐代的長沙和尚，「抱節孤高，近世罕及」——從他留下的那首著名的偈子，那高蹈獨行、超凡脫俗的修為還是看得出來的：

百尺竿頭不動人，雖然得入未為真。

百尺竿頭須進步，十方世界是全身。

道源注：知玄三三昧懺，捨頭目髓腦，如棄涕唾。《報恩經》：有婆羅門往乞其頭，王許之。婆羅門尋斷王頭，持還本國，又轉輪聖王為求佛法。有一婆羅門言，若能就王身上剜作千瘡，灌滿膏油，安施燈炷，燃以供養者，我當為汝解說佛法。陳啟源曰：佛偈「一

粒粟中藏世界」即此句義。道源注:《維摩經》:如持一針鋒,舉一
棗葉,而無所嬈。《涅槃經》:尖頭針鋒,受無量眾。

——《李義山詩集注》

《題僧壁》的全文是:

舍生求道有前蹤,乞腦剜身結願重。

大去便應欺粟顆,小來兼可隱針鋒。

蚌胎未滿思新桂,琥珀初成憶舊松。

若信貝多真實語,三生同聽一樓鐘。

清代朱鶴齡在注解李商隱的詩詞時,其中有一句引用,就說到了「一粒粟
中藏世界」是「佛偈」。

無論如何了吧,呂洞賓這個句子,與其說源於「名曰第一鼎兮食如大黍米」
不如說是脫自禪宗更為信服。而禪宗的這種情緒,又與老莊如出一轍。再說。

在佛系中,原意是說一粒小小的芥、沙、粟中,無不有佛性的顯化和存在。
以丹派角度去詮釋「一粒粟中藏世界」時,把「佛性」換成「大道」也即可也。

於是乎,這一句不僅被佛系當成了一個重要課題來做了,同時,對後世的
道教也影響深遠。

在「故紙堆」裏翻了這麼久有什麼意思嗎?

非常有意思,或者說意義。

就是說,「煉丹」在實修意義上,更多的是對「慧」對「性」對「初心」
(自然本性)的返還,它的另外兩個代名詞「修道」或「修真」,說得更為「直
接明瞭」。

在「鍾呂」之前,各派道教學者俱以形神俱妙、與道合真為宗旨,與禪宗
無涉。內丹道內通行的還是魏伯陽的那套「參同相類」(「黃老」參同「大易」,
「以易為證」)的法理體系,不僅迴避了佛教思想的影響,甚至有相互牴牾的
情緒。

「鍾呂」之後,風氣陡轉,內丹道開始援佛入道,佛教很及時地發現了這
種「思潮」。《嘉泰普燈錄》卷二十四「廣化聖賢」就據此將呂洞賓收為佛門弟
子。佛系在做這個工作時也是用心思了:

就呂洞賓參問黃龍的那話頭「一粒粟中藏世界,半升鐺內煮山川」,和黃
龍弟子參問禪師的話頭極為相似。問:「毛吞巨海,芥納須彌,不是學人本分
事。如何是學人本分事?」師曰:「封了合盤市裏揭」。

這麼正兒八經地一打誑語，再經佛系編劇的工作，把一句「自從一見黃龍後，始覺從前錯用心」臺詞安排由呂洞賓說出來，這種「低級黑」再經過「話本」有聲有色地在「瓦肆」或街頭巷尾開說，這個「是非」的影響力，在當時就著實大了。馮夢龍收在《醒世恆言》中的《呂洞賓飛劍斬黃龍》，其中提到的多處地名為宋代建制，提到的詩詞也均出現在元代以前，如《諷諫》書白居易的作品，《滿庭芳》為蘇東坡所作，「鐵牛耕地種金錢」一詩見於宋德方依據宋代舊本刊刻而成的《呂祖渾成集》，書中對答機鋒為宋代禪僧特徵，語言特色也是宋代所有，很是吻合於宋元時代的「說參請」。還有，在深受廣大人民群眾喜聞樂見的戲劇目錄中，也有《飛劍斬黃龍》、《萬仙錄》都在講這個故事，搞得算是婦孺皆知了，乃至宋元之後的道系叢書，如《道緣匯錄》、《呂祖全書》、《西遊真詮》也「引以為據」。

儘管這些著作都以「仙佛同源」為宗旨做了一些「補救」工作，如陸西星是這樣圓場的，他說《仙佛同源》（現在流傳的《仙佛同源》版本未見此說）裏面有說：「黃龍誨機者，乃商山四皓之一。夏黃公所化也。初引鍾離祖師見東華帝君王玄甫，繼託跡於盧山之黃龍寺，架箭張弓以俟呂真人。其慈悲可謂至矣，其所啟發者，正復不少。則呂祖之受益黃龍，黃龍之傳燈呂祖，使其集大成，歸神化者，豈淺鮮也哉。」（《道緣匯錄·參黃龍》）。

一些「傳統」道士還是覺得沒有面子，那些尊崇「鍾呂」而又不願意接受此說的道教徒，如元代道士苗善時就從源頭上「考據」，《鍾呂傳道集》和《靈寶畢法》並非呂洞賓所著，此二書實為「要名尚奇之士為之」，以便擺脫丹派所謂「只修命不修性」負面形象。

其實，道系中人看看笑笑就是了，何必勞什子？這也是佛系中人對你們「化胡」說的本能反應嘛。

真正有修為的高道、高僧，是不屑於玩這些小把戲的。比如有人問南派宗師，釋迦牟尼曾經做忍辱仙人，你怎麼看？白玉蟾對以「風從花裏過來香」。張天師這首《三教一理》的題目是明確的，但內容卻是曖昧的，呵呵，天師不是還有一首《明真破妄章頌·似是而非》麼。所以啊，大人物說話，要懂得說得「模棱兩可」，是恰恰好是最好不過的了：

> 滯貨西天賣不行，挈來東土誑群生。
> 些兒家醜都揚盡，堪笑時人無眼睛。

南宋時期佛教的燈錄、史籍《聯燈會要》、《五燈會元》和《佛祖統紀》等，

有好事者都在以此做文章。《嘉泰普燈錄》還有一段：「近有黃冠謂呂公見黃龍，初無是說，乃釋輩欲神其禪宗耳，苟以平叔方之，則呂公參問可見」。近來有道教門徒懷疑不信這個故事，說是佛門編的妄語，紫陽真人既然能「方之舟之」（「參研佛經」），那麼呂洞賓參訪黃龍有什麼疑問？這段文字稱張伯端曾參研佛教經典，這是有根據的，在《悟真篇・序》中確有這麼一段話：及乎篇集既成之後，又覺其中惟談養命固形之術，而於本源真覺之性有所未究，遂玩佛書及《傳燈錄》，至於祖師有擊竹而悟者，乃形於歌頌、詩曲、雜言三十二首，今附之卷末。」

　　都是浮雲。關鍵是，從這個讓人啞然失笑的情節裏，修行人如果能意識到了，這一顆丹派著名的「一粒粟」，無論其來源，還是引申義，都更多地具有的是「芥納須彌」的那種佛教旨趣，而這種旨趣的最終根源又與道家的「其大無外其小無內」如出一轍，這就算是不枉一翻故紙堆了，就算是「害裏生恩」了吧。

　　　　時人不見真形質，將謂還丹色似丹。

　　　　（注）《神水華池論》曰：還者歸根，丹者色赤也。

　　　　　　　　　　　　　　　　　　　　　　——《龍虎還丹訣頌》

　　金者，非云金也。指鉛以為金也。鉛乃金銀之祖，故總題為金。蓋非世上金寶之金，非以凡間土石中出者。此金乃先天之祖炁，卻先於後天。大修行人擬太極未分之前，體而求之。即造真際。是以高仙上聖，於後天地已有形質之中，而求先天地未生之氣，乃以此氣煉成純陽，故名曰丹。夫純陽者，乾也；純陰，坤也；陰中陽者，坎也；陽中陰者，離也。喻人之身，亦如離卦，卻向坎心，取出陽爻，而實離中之陰，則成乾卦，故曰純陽。以其坎心中爻屬金，故曰金丹。

　　　　　　　　　　　　　　　　　　　　　　——《金丹大要》

　　道家謂修煉金丹者，即調養精氣神之工夫也。故曰：金丹之道，不外吾身。若修養之工夫純熟，則精神充足而內守，心性圓明以自照，恬淡虛無，若存若亡，即是金丹成熟。非真以藥物、火候修煉金丹也。

　　　　　　　　　　　　　　　　　　　　　　——《勿藥元詮》

道者，先天生物之祖氣，視之不見，聽之不聞，在儒則名太極，在道則名金丹。

　　　　　　　　　　　　　　　　　　　　　　──《悟真直指》

夫所謂金丹者，金取其堅剛不壞之義；丹取其圓成無虧之義。堅剛圓成，故名金丹，即本來先天真一之靈氣，一名生物之祖氣，一名先天靈根，一名元始寶珠，總而言之真靈至精之氣。

　　　　　　　　　　　　　　　　　　　　　　──《通關文》

金者堅剛永久不壞之物，丹者，圓滿光淨無虧之物。古仙借金丹之名，以喻本來圓明真靈之性也。

　　　　　　　　　　　　　　　　　　　　　　──《象言破疑》

三教之道，聖道而已。儒曰至誠，釋曰真空，道曰金丹。要皆太虛一氣，貫乎天地人物之中者也。

　　　　　　　　　　　　　　　　　　　　　　──《道德經講義自序》

窮究這「一粒」的出處，有意思嗎？

不僅有意思，而且有意義。

宗教經典中有些話，你看著是嚴肅的、認真的，其實它是文學的，是在扯

「佛性無處不在」啊，只是本體論而已。

用白話說就是，這噴得可大，其實，沒啥意思。

還不如一部電影有意思。每每乘機於天空上，把目光透過懸窗時，就不由得想起了，《宇宙：時空之旅》──一部由NGC（國家地理頻道）打造的高分紀錄片。

從動畫製作，配樂，到講解，最重要的是價值觀，全都是無與倫比的。

在一代人以前，阿波羅宇航員照下了一張地球的全景照。

在「旅行者1號」飛過海王星時，它的鏡頭轉回地球，拍下了它最後一眼中的家園──一個泛著蒼白藍光的小點兒。

在科學平臺上烘托出來的哲學意味的浪漫氣質的「紀錄片」中，我是第一次看到了，旅行者1號在公元1990年飛出太陽系之前，於距地球64億公里處，最後一眼回望母星時，拍攝傳回的一張天文照片。

聽著天文學家為這「一點」撰寫的畫外音時，令人顫慄不已：

當你看它，會看到一個小點。

那就是這裡，那就是家園，那就是我們。

你所愛的每個人，你認識的每個人，你聽說過的每個人，歷史上來過這世上的每個人，都在它上面度過了自己的一生。

聚集在這裡的，是我們的歡樂和痛苦，是成千上萬的意識形態、言之鑿鑿的宗教信仰和經濟學說。所有狩獵者和採集者，所有英雄和懦夫，每一個文明的創造者和毀滅者，每位國王和農夫，每對熱戀中的年輕人，所有的父母、滿懷希望的孩子，所有發明者和探索者，所有道德導師，所有腐敗的政客，所有「超級明星」，人類史上每一位「最高領袖」，每一位聖徒和罪人，都生活在這裡——

如一粒微塵，懸浮在一束陽光之中。

同樣，修行人，你要看到這「一點」，所要做得就是遠離人類——這裡的意思是除祛習氣，從無限遙遠的地方，反觀回省我們的靈魂，它就在心裏面，或者說，心就在它裏面！

而還有一些話，你看著像是在扯，其實是大實話，是高道大德對其修道的總結：

比如這個「道」，它通「路」。

但要注意，它不是世間經緯之徑，它是通天大路。

這個道家的最高哲學範疇，老子「法」之（取象）於地（理）。由此，老子成為各派總舵主。由此，丹派有了「抓手」。

後世丹派有「中黃」者，則取象於天（文）。

而「呂祖」取象於日常工具，他把「道」豎起來，人們這才「看出」，分明是連接了乾坤的一架「天梯」。

從廣義到狹義，從天道到人道——外延的收縮，導致內涵的「充實」……

老子之「道」，人易迷（其路），但不易著（其相）。

道士不會說：「我就是道。」

伊斯蘭官方視蘇非為異端，基督教默觀派也是同樣地位。

那些「隱修士」、「托缽僧」眼中的最高範疇「牠」，與世俗供奉的「主」有著本質的不同。

哈拉智說「我即安拉」。

大德蘭孃孃深入登上七寶樓臺後，發覺「我即上帝」……

與禪宗說「我即佛」，都是一樣的意境：

「我即是你。」或，「梵我一如。」

世界各地古人對宇宙進行直覺體驗時，遇到了「難言」這樣一個共同問題。

擬人或擬物，也不約而同地就成了共同的敘事「手法」……

就修行文化言，「擬人化」（帶來）的問題，會多於「擬物化」……

首先，宗教法庭會理解，或同意，「你」就是最高意志？就你能到天上，那他們教宗寶座上的一群不都白癡了嗎？

哈拉智被哈里發判磔刑，最後的遺言是：「有了對獨一本體的感覺，死而無憾。」這個意境，中國人不陌生。

百姓語境中有「道能通天」說，有點兒意思了吧。

《參同契》說「陰在上陽下奔」《入藥鏡》說「鉛龍升汞虎降」、「識浮沉明主客」，《伍柳》說「進則曰進陽火，退則曰退陰符。」《三車秘旨》說「由下丹田薰至心闕」，有意思了吧。

「呂洞賓」說：「刻石兒童把貫穿。」隱者老師給我解釋道：刻者刀之用，石者圭之體。快沒有「意思」了。

所以當《參同契》說出「推情合性轉而相與」、「黃中漸通理」時，就把老子在「道」上的路遇，又詩意地記錄了下來。

嗯，「呂祖」先用「天梯」說，又用「兒童」說，雖然說法不一，但是他也是懂老子的。

神秀出示的偈子是「身是菩提樹」，懂的就知道，正因為神秀不會「背書」，此偈表達出來的修為（所覺）與（本體）觀念的圓融，斷非是那句「本來無一物」可以比擬的。

昔聞，有美利堅總督尼克松者訪華時，險被一副藝術作品撼倒。

遂請教畫面題詞「全世界人民團結起來打敗美帝國主義及其一切走狗」者，其何意也？

太祖曰「放空炮」。

玄風所向，尼氏俯首。有圖有真相。

霍金的《時間簡史》，全書只引用了一個公式（愛因斯坦的質能方程），只要有高中以上文化程度的人就可以看「懂」了。

能用如此洗練、簡單的語言闡述深刻的理論，你想想這些職業革命家、職業科學家和職業大宗師們私下裏所做的功課，和內在的造詣吧。

趙州回答弟子「第一義」就是「庭前柏樹子」。

小沙彌再問，老和尚又莊重嚴肅地重複了一遍，還是「庭前柏樹子」。

唐代老和尚兀然地說了兩遍，沒有宋代神僧說的一遍敞亮：「一條椰栗杖，兩頭光晃晃。」

是名「和盤托出」。

那「人身無處不丹田」呢？

那「黃庭一路皆玄關」呢？

所謂「天機盡泄」。

其實，都是一個意思……

> 六度萬行體中圓，從斯更不少油鹽。
>
> 一條山杖挑心月，逢人只好哭蒼天。
>
> ——普庵《頌證道歌·證道歌》

狹義而言，內丹道的「一粒粟」，落實於修證，就是這個意思。

即白玉蟾所說：「一粒者，乃混沌之初，先天之炁。」

懂的，馬上就明白大師在說什麼。

道者，即以此「一粒」之藥，治癒生死耳。

但是，從廣義來說，它又不是這個意思了。

廣義上，它更多的是在演繹道家的「其大無外其小無內」、《參同契》的「幽潛淪匿，變化於中。包裹萬物，為道紀綱」、禪宗的「芥納須彌」那個大意思、那個大道理，即「天道」即「本體」即「談玄」即「論道」。

看仙家才子的這一段洋洋灑灑，到底是在論「道」呀還是在談禪，說得可謂「天玄地黃」，或者「丈二和尚」。呵呵，這也，太有意思了吧。

其實也沒有什麼特別的意思！

白玉蟾之所以有這狹義簡要、廣義泛言的兩種說法，或謂「實學」意義和「玄學」意義上的兩種論述，這是古人「天人同構」觀的一種表現。

古之思想家，但在「當下」有了「饒他為主」的真切體驗後，他總結出「順其自然」的人生觀道家世界觀，再自然不過。

西方用邏輯解析世界，東方把「我」融於「他」而認識「他」……

然後，由「人道」推出「物理」來；由狹義開拓向廣義去，又小宇宙向大宇宙演繹開……

那個「無中生有」的宇宙觀，自有了出處。

區別是：

佛系說「本來無一物」；

道系還保留了「第三方」──觀察員、主觀者……

一家是「人沒了錢還在。」一家是：「人財兩空」（物我雙亡）……

同時也說明，馬克思博士的理論與實踐觀，以及「唯物主義」觀，真的得贊！

修行人，你值得擁有！

這種世界觀，它讓人踏實：頭可以在雲裏，腳必須在山巔。

反過來想想：腳走在雲裏，頭在泥坑裏……

不少「修行人」的言談舉止上，就給人這樣一種感覺……

沉了，換話題吧。

世界各地的──古人都有「天人同構」觀，也非天朝聖人的獨自發明。

道家古人認為大宇宙的「演化」和小宇宙的「現象」是一樣的，也是從「道自虛無生一氣」開始的。而且，釋道之「空」之「虛」的世界觀、本體論，也正是古代的宗教思想家從修行的直覺體驗而來：行此顛倒之道，吾人身心既然能「於內」返還、丹凝至這「一粒」，那麼於外，推而廣之，整個大宇宙，不也是「拈將四部洲，放在一粒粟」嗎？不也是「一粒粟中藏世界」嗎？

同樣，那個小宇宙（「自然人」）的「坐胎」，都是陰陽交媾之際外感先天一氣而來。復有何費解？

「窮理」至此，可謂「窮盡」可謂「盡性」，「篤行」也少礙矣。

所以說，修行人要做的，就是把大道理落實在修行上。故而云：「博而寡要，勞而少功。」

> 一言半句便通玄，何用丹書千萬篇，人若不為形所累，眼前便是大羅天。若要煉形煉神，須識歸根覆命。所以道：「歸根自有歸根竅，覆命還尋覆命關。」且如這個關竅，若人知得真實處，則歸根覆命何難也。故曰：「有人要識神仙訣，只去搜尋造化根。」故曰：「虛無生自然，自然生大道，大道生一氣，一氣分陰陽，陰陽為天地，天地生萬物」，則是造化之根也。此乃真一之氣，萬象之先。太虛太無，太空太玄。杳杳冥冥，非尺寸之可量；浩浩蕩蕩，非涯岸之可測。其大無外，其小無內。大包天地，小入毫芒。上無復色，下無復淵。一物圓成，千古顯露。不可得而名者，聖人以心契之，

不獲，已而名之曰「道」。以是知，心即是道也。故無心則與道合，有心則與道違。惟此「無」之一字，包諸有而無餘，生萬物而不竭。天地雖大，能役有形，不能役無形；陰陽雖妙，能役有氣，不能役無氣；五行至精，能役有數，不能役無數；百念紛起，能役有識，不能役無識。

——《紫青指玄集》

所以，在狹義上，「一粒粟」和「丹田」說一樣，也屬於「名是事不是」的範疇。

兩教的世俗紛爭由來已久，切莫睬它。

「一粒粟」是丹派的，還是佛家的，其實並不重要。

即使在佛經中，這「一粒」說同樣如丹派一樣，也是不斷地在變化：

無根樹、無孔笛、無縫塔、庭前柏、椰栗杖，等等、等等。道曰「端的上天梯」、「有個通天竅」。

修行人真要關心的，有朋友已經知道我要說的意思了：

「大道」，或「第一義」，它是一個立體結構……

二把刀的畫工也能「如實」地描述太陽的形狀，但是幾千來，有幾個能「如實」地描述光線如倫勃朗者？

所以面對這一幢「上層建築」時，切莫被這「一粒」、那「一顆」這些名詞、量詞和概念等等名相迷惑住。

也不要被這一套釋道一起題名「兜率宮」的「海景房」的「不寒不暑進退和時各得其和俱吐政符」的「皇家」、「稀缺」之辭所震懾地裹足止步啊呵呵。

杯影蛇弓魔人幻，帷燈匣劍鬼生疑。

——《花月痕》

因為這「一粒」、「一顆」並非具有「顆粒」之狀而得名，它是這「一點」的代名詞，而這「一點」呢，說它有，或者無，都可以。

在廣義上，它是不存在的，僅是一個抽象之「物」，是「奇點」是「質點」，是宇宙的起源；

而在狹義上，落實在修行上靜坐中，「一點落黃庭」又是如此得「真實不虛」！

它是吾人「心中」那個「恍然」之象，是「月圓天心」。

神遊方外，陰陽太和，坐忘其形。天地山河，六合萬物，皆在

我身之內，我身在天地萬物之外。只覺心中一點光明，乃是丹降也。

——《陳先生內丹訣》

那個「恍然」之象，又以「一條椰栗杖兩頭光晃晃」這一句的描述，最為「直言快語」，亦最接近這一道兩頭「尖」而中間「粗」的梭型「光芒」⋯⋯

古人的做法，也恰如其言。一方面說，這種對世界、對宇宙的直覺體驗，不可思議，也難以「理解」：

> 惟昔聖賢，懷玄抱真。伏煉九鼎，化跡隱淪。含精養神，通德三光。津液膝理，筋骨致堅。眾邪辟除，正炁長存。累積長久，變形而仙。憂憫後生，好道之倫。隨傍風采，指畫古文。著為圖集，開示後昆。露見枝條，隱藏本根。託號諸名，覆謬眾文。學者得之，韞櫝終身。子繼父業，孫踵祖先。傳世迷惑，竟無見聞。隨使宦者不仕，農夫失耘，商人棄貨，志士家貧。吾甚傷之，定錄此文。字約易思，事省不繁。披列其條，核實可觀。分兩有數，因而相循。故為亂辭，孔竅其門。智者審思，用意參焉。

——《周易參同契・聖賢伏煉章第三十一》

鑒於「天道其浩廣，太玄無形容。虛寂不可睹，匡廓以消亡。」

故而「參同契者，敷陳梗概。不能純一，泛濫而說。纖微未備，闕略彷彿。」

峨眉山的佛寺中，和道家具同樣境界的兩句：

> 一粒米中藏世界，半邊鍋裏煮乾坤。

這一副對聯既然也掛在了佛門，那就得按照佛家的規矩，在《金剛經》的這缽子裏蘸一蘸，入口才有味道：「凡所有相，皆是虛妄。若見諸相非相，則見如來。」高僧換以普眼以毛孔說來，也儼然分明：

> 稽首普賢，法界為身。
>
> 塵毛國土，坐臥經行。
>
> 於法性空，大雲彌布。
>
> 以普遍故，了無去住。
>
> 故微妙相，曾無隱顯。
>
> 若有見者，須是普眼。
>
> 乘大象王，其體純白。
>
> 以本無染，是真淨潔。

> 一切聖凡，不離毛孔。
>
> 通身遍身，如海潮湧。
>
> 大士觀我，我觀大士。
>
> 以空合空，本來無二。
>
> 故我敬禮，大法界空。
>
> 願一切時，處處相逢。
>
> ——憨山《普賢大士贊》

前一句是大概可言，後一句是細節難說。

就有高明人士問過我：你結丹了嗎？你師父結丹了嗎？或者，你知道丹結在何處嗎？

問得好啊。且問學人，你腹內有這個嗎？

> 圓三五，寸一分。
>
> 口四八，兩寸唇。
>
> 長尺二，厚薄均。
>
> 腹齊三，坐垂溫。
>
> ——《周易參同契・鼎器妙用章第三十三》

若沒有，祝賀；若有，病矣。

讓我們再從書袋子裏掏出這一卷來，看這裡，有一劑藥方：

> 天道其浩廣，太玄無形容。
>
> 虛寂不可睹，匡廓以消亡。

理解了嗎？吳中高士在用「記實」之筆，取後天之物、塵世之器，來形容這個以「虛」為體、以「無」為用的先天的「上層建築」的——「爐火之事，真有所據」之後，同時，他又意識到了「言還自敗傷」。

為了不要學者執著其相、「按圖索驥」，同樣又做了不少「補救」工作：

取其中心最閃耀處，以之代「全體」，以之為「全提」——進行了抽象化——這就是「一粒」、「一顆」，或「一點落黃庭」，在實修意義上的「提煉」！

為了告誡後人切勿「執象而求」，對此「一點兒」也不要著其相，古人又稱這「一點」的造型和容積為「其大無外其小無內」。

嘖嘖，即使把想像力耗盡，把全才達芬奇也請來，也沒有哪位畫家能把這「一點兒」——一個無相之「相」，予以素描吧？

……

千般萬般況珠喻，珠離百非超四句。

只這珠生是不生，非為無生珠始住。

如意珠，大圓鏡，亦有人中喚作性。

──天然《弄珠吟》

如此一個稱「道」呼「性」的、「大象無形」的「對象」，你到哪裏去尋覓？去執著呢？

人類語言描述的極限，到此，歎為觀止矣；到此，也就算到頭了吧：

古之善撲著灼龜者，能於今中示古，古中示今，高中示下，下中示高，小中示大，大中示小，一中示多，多中示一，人中示物，物中示人，我中示彼，彼中示我。是道也，其來無今，其往無古，其高無蓋，其低無載，其大無外，其小無內，其外無物，其內無人，其近無我，其遠無彼。不可析，不可合，不可喻，不可思。唯其渾淪，所以為道。

──《關尹子》

就像人類傾盡想像力的「上帝」或「神」，沒有能超出「三頭六臂」和「千手觀音」的嘍。只是，只要人類捏造出來的這些「形象」還有進食孔和排泄孔，那就是對「完美」和「萬能」的最大的距離。

嗯，還可以參考一下物理學關於「質點」的那個定義，也有助於理解這「一點」：質點（mass point，particle）是將物體簡化後得到的只有質量而不計大小、形狀的一個幾何點，是經典力學中常用的最基本的模型，是力學中經過科學抽象所得到的，物理學的一個理想化模型。把物體看作質點，就是看到了研究問題的性質，而與物體本身無涉了。所謂「不能以音色見如來」。

人這一顆腦袋，實在就一團是盤踞著大量的「先入為主」的「觀念」的──有機化合物。

見「玄竅」之後，頭腦就是在做這些瑣碎的清理工作，老子曰「為道日損」。

從夜睹明星，到花好月圓，這是一個潛移默化的過程。

「損之又損，以至於無為。」

損到無可其損了，就是「純陽」就是「究竟」。

這才有資格自稱「貧道」與「貧僧」。

以至於，貧僧貧道，皆無家可歸之人。

龍牙還歌頌貧道：

──682──

學道先須且學貧，學貧貧後道方親。

一朝體得成貧道，道用還如貧的人。

天然還要作貧兒：

時人見余守孤寂，為言一生無所益。餘則閒吟孤寂章，始知光陰不虛擲。

不棄光陰須努力，此言雖說人不識。識者同為一路行，豈可顛墜緣榛棘。

榛棘茫茫何是邊，只為終朝盡眾喧。眾喧不覺無涯際，哀哉真實不虛傳。

傳之響之只不聞，猶如燈燭合盂盆。共知總有光明在，看時未免暗昏昏。

昏昏不覺一生了，斯類塵沙比不少。直似潭中吞鉤魚，何異空中蕩羅鳥。

此患由來實是長，四維上下遠茫茫。倏忽之間迷病死，塵勞難脫哭愴愴。

愴愴哀怨終無益，只為將身居痛室。到此之時悔何及，雲泥未可訪孤寂。

孤寂宇宙窮為良，長吟高臥一閒堂。不慮寒風吹落葉，豈愁霜草遍遭霜。

但看松竹歲寒心，四時不變流清音。春夏暫為群木映，秋冬方見鬱高林。

故知世相有剛柔，何必將心清濁流。二時粗糖隨緣過，一身遮莫布毛裘。

隨風逐浪住東西，豈愁地迮與天低。時人未解將為錯，餘則了然自不迷。

不迷須有不迷心，看時淺淺用時深。此個真珠若採得，豈同樵夫負黃金。

黃金烹練轉為真，明珠含光未示人。了即毛端滴巨海，始知大地一微塵。

塵滴存乎未免偎，莫棄這邊留那邊。直似長空搜鳥跡，始得玄中又更玄。

　　舉一例諸足可知，何用喃喃說引詞。只見餓夫來取飽，未聞漿逐渴人死。

　　多人說道道不行，他家未悟詐頭明。三寸利刀開曠路，萬株榛棘擁身生。

　　塵滓茫茫都不知，空將辯口瀉玄微。此物那堪為大用，千生萬劫作貧兒。

　　聊書孤寂事還深，鍾期能聽伯牙琴。道者知音指其掌，方貴名為孤寂吟。

──天然《孤寂吟》

　　有一些道系老兄確實應該警覺了，有大哥說肚子煉出了那麼一個玻璃珠或者彈子狀或者其他型的各種玩意兒啊等等、等等，更多的表示出了若干的結石症狀。我見過有朋友的膽結石發作時，那真苦不堪言的。

　　所以修行人，不要著了該「一粒」之相，才不枉這番有幸地讀到了「呂先生」對此番邂逅的那番感悟──這確是高手與高手之間的切磋，凡流卻只會拿來惹是生非。

　　棄卻瓢囊摵碎琴，如今不戀水中金。

　　自從一見黃龍後，囑咐凡流著意尋。

　　記得湯因比博士在其皇皇巨著《歷史研究》中不厭其煩地強調「模式」。模式是任何一門學科進行積累與創新的唯一手段，而當某種知識豐富到一定階段後，學者就要為它制定一種模式，這種模式就是最形象、最引人入勝的一種概括和濃縮。只要你一想起這種模式，頭腦中立刻閃現出對一個無比龐雜的知識結構的一個簡單認知的條件反射。同時，宗教之間的互相炫耀自家的「高深莫測」，也是為了擴大影響和獲得「訂單」───一旦涉及到了「核心利益」，結果是誰也不會認賭服輸的。比如，宋人凡事都要講個「理」，朱熹就是講「理」的代表，但是陸九淵就不認同官方的「理」，他只認良「心」。兩人在鵝湖上打嘴炮，雙方辯地口水四濺，不亦樂乎。最後呢，不了了之，握手言和，這都算有風度的，沒底線的就不說了。

　　話說，按照丹經的思維模式，那些契歌、道情詩，就沒有可以教人按圖索驥、直接下手的上乘佳作嗎？

　　有啊，張三豐《打坐歌》就是「名是事也是」的一篇極品，全文轉來，自己參吧：

初打坐，學參禪，這個消息在玄關。
密密綿綿調呼吸，一陰一陽鼎內煎。
性要悟，命要傳，休將火候當等閒。
閉目觀心守本命，清靜無為是根源。
百日內，見應驗，坎中一點往上翻。
黃婆其間為媒灼，嬰兒姹女兩團圓。
美不盡，對誰言，渾身上下氣衝天。
這個消息誰知道，啞子做夢不能言。
急下手，採先天，靈藥一點透三關。
丹田直上泥丸頂，降下重樓入中元。
水火既濟真鉛汞，若非戊已不成丹。
心要死，命要堅，神光照耀遍三千。
無影樹下金雞叫，半夜三更現紅蓮。
冬至一陽來復始，霹靂一聲震動天。
龍又叫，虎又歡，仙樂齊鳴非等閒。
恍恍惚惚存有無，無窮造化在其間。
玄中妙，妙中玄，河車搬運過三關。
天地交泰萬物生，日飲甘露似蜜甜。
仙是佛，佛是仙，一性圓明不二般。
三教原來是一家，饑則吃飯困則眠。
假燒香，拜參禪，豈知大道在目前！
昏迷吃齋錯過了，一失人身萬劫難。
愚迷妄想西天路，瞎漢夜走入深山。
玄機妙，非等閒，漏泄天機罪如山。
四正理，著意參，打破玄關妙通玄。
子午卯酉不斷夜，早拜明師結成丹。
有人識得真鉛汞，便是長生不老仙。
行一日，一日堅，莫把修行眼下觀。
三年九載功成就，煉成一粒紫金丹。
要問此歌何人作，清虛道人三豐仙。

二十八、虎躍龍騰風浪粗　中央正位產玄珠

1

虎躍龍騰風浪粗，中央正位產玄珠。

果生枝上終期熟，子在胞中豈有殊。

南北宗源翻卦象，晨昏火候合天樞。

須知大隱居廛市，何必深山守靜孤。

──《悟真篇》七言四韻第十一

在你的身體裏有一顆無價的珠子

去找它。茫然的蘇非啊，

如果你在尋找最好的珍寶，

不要看外面，

向裏面。

──Rumi（1207～1273）

圓光應現無心物，大地山河恰似無。

驪珠一顆非非相，信者權將作畫圖。

──普庵《贊三寶》

　　《莊子》中最有丹派延伸餘地的小故事有兩個，「敢問心齋」與「帝遺玄珠」。放一起說說。

　　凝神調息，調息凝神，這是道家五派丹法共同的原則，所謂「古上仙無限

數，皆從此處達真栓。」

我曾問道於龍門、金山和西派多家，在此明確地告訴大家，如果說數派丹家（龍虎丹法陰陽派除外）有區別的話，那區別也就是在哪裏凝神和調息⋯⋯

上座伊始，把眼神從遠處平收回來，把耳神止於呼吸，這兩尊「神」就歸位了──其實就是意識集中了，並沒有神學意義上的一尊「神」坐在我們的鼻樑上，那樣學者會不堪重負的，如何放鬆？

工夫久了自然能深入「若一志」的境界。若，是你。志，是意識。一，就不解釋了，最簡單的數字，語言的過渡有損於它的「至簡至易」

要說的是，莊子如果沒有如此經驗，那是很難講出這個話的。

顏回曰：敢問心齋？

仲尼曰：「若一志，無聽之以耳而聽之以心；無聽之以心而聽之以氣。聽止於耳，心止於符。氣也者，虛而待物者也。唯道集虛。虛者，心齋也。」

解釋最後一句，這個莊子借孔子之口說的「虛而待物」，最有丹道意義上的微言大義。在《淮南子》中為「虛寂以待」；在《參同契》為「虛寂不可睹，匡廓以消亡」；在《黃庭經》為「虛無寂寂空中素」。

凝寂虛無的心境，才能是應待宇宙萬物的，自然之道自然能彙集於凝寂虛無的心境。

寂靜的心，它在等待一件東西來和它結合⋯⋯

什麼呀？真情啊！

「月才天際半輪明，早有龍吟虎嘯聲」、「若問真鉛何物是，蟾光終日照西川」。那它原形畢露的時候，你要能抓住它，抓住它就是盜天機，就是以鉛投汞，就是抽坎填離，就是性命雙修。紫陽真人又在《金丹四百字》加以解釋：「燭見一輪明月，乃全性也。既見全性，又返金性，則吾身皆真性命為之主。」他的弟子陳楠《翠虛篇》中有：「一池秋水浸明月，一朵金花如紅蓮。」丹經中以「月象」描述此情此景，自呂洞賓始就是一個「傳統」了：「有人問我修行法，遙指天邊日月輪。」不過，都沒有張三豐說得透徹：

> 大藥之生有時節，亥末子初正半夜。
>
> 精神相媾合光華，恍恍惚惚生明月。

──張三豐《鉛火歌》

藥物即生，怎麼「盜」來，用心啊！所以《西遊記》中，就是孫猴子（心猿）去偷老君的金丹而不是豬八戒嘍，這就是「全憑心意下工夫」在實踐中的

「落實」意義。非如此這般，一句「空話」永遠只是一句「廢話」和口號，如何得以運用？

此處用心，立得「妙有」；不會用心，則落於「頑空」。

心之竅在目，目乃神通之道……

呵呵，後面屬於天機部分了，就不能輕言了。

但是莊子舉了一個有趣的故事，在「梓慶削木為鐻」過程中，藏有「玄機」。有些東西和修道不謀而合的：

「鐻」是懸掛鐘磬等樂器的木架子，上面雕刻著各種裝飾的圖案，而梓慶是一位雕刻工匠，他做的活兒猶如鬼斧神工。國君看了嚇一跳，問他：你是用什麼技法做成這個樣子的？慶工先賣了個關子：我只不過是一個工匠，能有什麼法術呢！雖說如此，但也有一點講究。

慶工接著說：我開工前，一定要「齊以靜心」。這裡的「齊」通「齋」。「齊以靜心」就是前面說的「心齋」，三天之後，心裏就不會想「慶賞爵祿」，就是說不去想會得到什麼賞賜，或者別人會不會給我一個官兒做？守齋五天之後就不敢想「非譽巧拙」，就是想別人會不會稱讚我，說我技巧很高呢？七天之後，就忘了自己有四肢五官了。

那麼，慶工是怎樣達到這種出神入化的境界呢？木工慶在做鐻的過程中，做到「用志不分，乃凝於神」的一種精神狀態，這種狀態導致出了一種境界：「無名」「無功」「外天下」「外物」甚至「輒然忘吾有四肢形體」，就是「無己」，也就是「外生」。

一切利害得失的考慮，在達到這一境界之時，徹底地消失了。外面世界的任何事物都不能干擾他，就連朝廷的權威對他也不復存在了。在這個「以天合天」的心境下，才能合轍於自然之道。

莊子「心齋」的過程，就是層層遞進的「去欲」的入道的過程。

在《莊子·應帝王》中，還有一個涉及「雕琢」的故事，講的是步步脫道的過程：

> 南海之帝為儵，北海之帝為忽，中央之帝為混沌。儵與忽時相
> 與遇於混沌之地，混沌待之甚善。儵與忽謀報混沌之德，曰：「人皆
> 有七竅以視聽食息，此獨無有，嘗試鑿之。」日鑿一竅，七日而混
> 沌死。

白話一下：

　　南海的帝王是倏，北海的帝王是忽，中央的帝王是混沌。倏與忽時常在混沌的土地上相會，混沌待他們非常和善。倏與忽想要報答混沌的美意，就商量說：「人都有七竅，用來看、聽、飲食、呼吸，唯獨他什麼都沒有，我們試著為他鑿開。」於是，一天鑿開一竅，七天之後混沌死了。

　　現代漢語「混沌」和「一體」常常並用，一體就是對混沌很好的詮釋，它是一種混同為一的狀態，是和諧圓滿、沒有分裂的。你替他開了七竅，使他可以得到知識，一旦得到知識，他馬上就喪失了「道」。

　　在道家看來，人類的誕生也是如此，從與世界的混沌一體狀態中分離出來，形成物我之別。人與先天在發生這第一斷裂後，混沌死了，你就活了。

> 獨坐悲雙鬢，空堂欲二更。
>
> 雨中山果落，燈下草蟲鳴。
>
> 白髮終難變，黃金不可成。
>
> 欲知除老病，唯有學無生。

──王維《秋夜獨坐》

　　那麼丹道是在做什麼呢？

　　把「人」再弄死，換回「混沌」的復活。

　　而在這麼一個把自己玩死的過程中，很多人就把自己玩殘了，玩成了「磚頭」，這是「人生」的第二次斷裂，人與後天的斷裂。

　　死去活來的事兒，都不好受。

　　經典上不講這些「難受，只講「醉」與「酥」的「享受」。

　　你想吧，修行是與人道逆行，與天地爭衡奪命，怎麼可能一路都是舒服都是爽？

　　看「蘆芽穿膝」一段工夫，在《道鄉集》和《大成捷要》中的不同角度的陳述：

> 如蘆芽穿膝，蘆芽即喻大藥，穿膝即穿過三關之意。千比萬喻，總是說明述關服食之正功。……唯過關時，有兩處危險，上下鵲橋是也。蓋以藥至尾閭，欲從便道而出，吾當以法器抵之。藥至明堂，欲從雙孔而泄，吾則以木夾備之。防危至當，藥無走失，始不負心苦一場也。至於養胎脫化等，參看問答條內，自能貫徹，一字一珠，君其珍之。

──《道鄉集》上卷

日月合璧以後，有一大難。大定之中，忽覺右腳底下，湧泉穴內，如冰冷之疼痛上來，穿腿過膝，痛至兩腎中間，過三日方止，名曰「蘆芽穿膝」。直待痛極，透過玄竅過夾脊至泥丸，即將印堂一輪紅日，吸入中宮，降下丹田，以意送至疼痛之處，用目光一繞，則紅光一結，似火珠之形，直尾閭穴倒轉上升，或再發三昧真火以攻之。此時渾身骨節，如炒豆之聲，爆開響炸不絕，骨肉火熱刀割相似。十分好漢，到此無一分主張。再發再攻，三攻以後，三百六十骨節之神氣，一直衝上泥丸，頭中霹靂一聲，頂門開也。此時如鷹捉兔，如貓捕鼠，鉛龍汞虎死抱不放，頭如石塊之硬，腹如爐火之熱，不可言狀。渾身血氣，都會說話，就在身上鬧成一堆。忽然甘露下降，即用一點神火，攢簇於交感之中宮，乃是金液玉液，結成黍米玄珠。降下黃庭之際，到此內觀五臟六腑，歷歷如燭照，只覺燒得通天徹地，都是紅光。充塞流注，而變為純陽之軀矣。此時一身無主，切記不可心生恐怖，此乃陰神不肯受真陽降伏，化為諸色境界，害我向道之心。只有死心不動，深入大定，萬魔自退。急在眉間，存想黑球一團，其大如拳，覺得冷氣逼人。即當以意吸入中宮，自然似甘露滴心，得其清涼自在，此正是十月結胎，得藥之景也。須要留心記著，某月某日，得玄珠大藥，是為男子懷胎矣。下大功須是守中抱一，入定百日，處於靜室。外無所著，內無所思，虛空同體，守定一靈性光。凝聚中下二田，晝夜不離，化為一個虛空大界，行五七日，自然心定氣和。大開關工夫到此矣。

　　　　　　　　　　——《大成捷要》第八節真火煉形天機

2

在實踐「心齋」的那個故事裏，慶工還說道：然後（我就）進樹林，察看天然的材質，（找到）形狀最適合（的樹木），然後就想像（出完成了的）鐻，然後（按照那樣子）動手做，有一樣不對就報廢了。

是啊，這個東西既來得太突然，又稍縱即逝，若能「採得歸來爐裏煉」，結果就是「中央正位產玄珠。」

莊子講過一個「黃帝失玄珠」（《天地篇》）的故事，鑒於同學們的道學文言文水平參差不齊，那直接白話吧：

黃帝到赤水以北的地方遊玩，登上了崑崙山巔。在南回途中丟失了一顆心愛的玄珠。

派了一名叫知的聰明人去尋找，知無功而返。

又派了一名眼睛神好叫離朱的去找，離朱空手而歸。

再派一名能言善辯的叫契詬的去找，契詬還是沒找到。

專家能人都用完了，黃帝無奈派了一個漫不經心恍恍忽忽大大咧咧的名叫象罔的去找。

不久象罔回來了，帶著玄珠。

黃帝納罕：「真是很奇怪啦！像象罔這樣的人，竟然可以一去就能把玄珠找回嗎？」

> 知境渾非體，尋珠不定形。
>
> 悟即三身佛，迷疑萬卷經。
>
> 在心心豈測，居耳耳難聽。
>
> 罔象先天地，淵玄出杳冥。
>
> 本剛非鍛鍊，元淨莫澄停。
>
> 盤泊逾朝日，玲瓏映曉星。
>
> ——天然《玩珠吟》

> 盲聾音啞，杳絕機宜。
>
> 天上天下，堪笑堪悲。
>
> 離朱不辨正色，師曠豈識玄絲。
>
> 急如獨坐虛窗下，葉落花開自有時。
>
> ——重顯《頌一百則》

既然都引起了僧人的興趣，那麼象罔是誰呢？也有版本作「罔象」。

王先謙集解引宣穎曰：似有象而實無，蓋無心之謂。

解得好。「凡聖聞珠誰不羨，瞥起心求渾不見。」

此先天一氣，若有心求之，則必不能得，必須以無心求之，藉象罔而得玄珠，非離朱吃詬之所能求也。

> 驪龍珠，驪龍珠，光明燦爛與人殊。
>
> 十方世界無求處，縱然求得亦非珠。
>
> 珠本有，不升沉，時人不識外追尋。
>
> 行盡天涯自疲寂，不如體取自家心。

　　莫求覓，損工夫，轉求轉滅轉元無。

　　恰如渴鹿趁陽焰，又似狂人在道途。

　　須自體，了分明，了得不用更磨瑩。

　　深知不是人間得，非論六類及生靈。

　　虛用意，損精神，不如閒處絕纖塵。

　　停心息意珠常在，莫向途中別問人。

　　自迷失，珠元在，此個驪龍終不改。

　　雖然埋在五陰山，自是時人生懈怠。

　　不識珠，每拋擲，卻向驪龍前作客。

　　不知身是主人公，棄卻驪龍別處覓。

　　認取寶，自家珍，此珠元是本來人。

　　拈得玩弄無窮盡，始覺驪龍本不貧。

　　若能曉了驪珠後，只這驪珠在我身。

——天然《驪龍珠吟》

　　雖云「無心」，還要「有意」，就是「黃帝」（本人）的不可或缺——沒有他「求道」的真意，那個珠子終歸還是丟失於「塵土」（後天）中的結果。

　　哦，你說從天然禪師的句子中，讀出了三豐祖師的味道？祝賀你，很敏感的嗅覺。不過，這沒有什麼奇怪的。驪龍珠，後天不見；無根樹，先天之物——本來即一物，何處說是非？

　　高道的《無根樹》，高僧的《驪龍珠》、《數珠歌》、《活人歌》，無論結構和語境，如此相似，沒什麼奇怪的：

　　驪龍珠，後天不見；無根樹，先天之物。

　　本來同一樣，何處說是非？

　　及其：

　　　　乾坤交媾罷，一點落黃庭。

　　　　一條榔栗杖，兩頭光晃晃。

　　乃至：

　　　　觀樹經行……

　　釋云：

　　　　庭前柏子非相戲。

——普庵《證道歌》

道曰：

　　端的上天梯

　　　　　　　　　　　　　　　　──呂洞賓《百字碑》

紫陽真人說，這是個老傳統，非我造作：

　　今古上仙無限數，皆從此處達真栓。

沒有一位，不是從無數的迷津裏、無數的坑裏，爬上來著……

話說很久很久以前，就有一些穿著不一的人們，包括西方人士，都在關注著，這同一寶貝：

　　先聖相傳相指授，信此珠人世希有。

　　智者號明不離珠，迷人將珠不識走。

　　吾師權指喻摩尼，采人無數入春池。

　　爭拈瓦礫將為寶，智者安然而得之。

　　言下非近亦非遠，體用如如轉無轉。

　　萬機珠對寸心中，一切時中巧方便。

　　黃帝曾遊於赤水，視聽爭求都不遂。

　　罔象無心卻得珠，能見能聞是虛偽。

　　非自心，非因緣，妙中之妙玄中玄。

　　森羅萬象光中現，尋之不見有根源。

　　燒六賊，爍四魔，能摧我山竭愛河。

　　龍女靈山親獻佛，貧兒衣裏幾蹉跎。

　　亦非性，亦非心，非性非心超古今。

　　體絕名言名不得，權時題作《弄珠吟》。

　　　　　　　　　　　　　　　　──天然《弄珠吟》

　　迢迢空劫勿能收，非相非名觸處周。

　　罔象無心珠自現，何勞泪沒外馳求。

　　　　　　　　　　　　　　──普庵《頌十玄談·玄機》

　　珍珠散在路上，

　　瞎子走了過去。

　　若無宇宙之主的光芒，

　　世人只會錯身而過。

　　　　　　　　　　　　　　──Kabir（1398～1518）

十八世紀，巴基斯坦那位聖人的句子也好：

> The God that you find,
>
> While wandering in the jungle,
>
> Is found by fish and foul and beast.
>
> O foolish mankind!
>
> Bulleh Shah! Only they find
>
> The true God
>
> Who are good and pure in heart!
>
> 你所尋找的神
>
> 在森林中四處尋找時，
>
> 被魚被野獸被粗卑的傢伙找到了。
>
> 只有他們
>
> 找得到真神，
>
> 那些沒有開化的人。

——Bulleh Shah（1680～1757）

還有蘇非仙女的詩，也是醉人的。

> Ill or well, whatever befalls,
>
> let it come.
>
> My ears will not hear,
>
> My eyes will not see.
>
> When the Voice calls from within
>
> The inmost mind,
>
> The lamp of faith burns steady and bright
>
> Even in the wind.
>
> 是禍是福
>
> 無論是什麼，
>
> 就讓它來吧！
>
> 我視而不見，
>
> 我聽而不聞。
>
> 當內在的聲音呼喚
>
> 內在的神，

信仰的燭光點燃後
疾風，也無法把它吹滅。

——Lal Ded（1320～1392）

二十九、若到一陽來起復
便堪進火莫延遲

八月十五玩蟾輝，正是金精壯盛時。

若到一陽來起復，便堪進火莫延遲。

——《悟真篇》七言絕句第四十六

冬至一陽來復，三旬增一陽爻。

月中復卦朔晨超，望罷乾終妊兆。

日又別為寒暑，陽生復起中宵。

午後罷一陰朝，煉藥須知昏曉。

——《悟真篇》西江月第九

莊子講故事總是有聲有色，引人入勝，然而都不是世事，有仍然以為世事者，也未嘗不可。

在《莊子》的故事裏，慶工「用志不分，乃凝於神」，七天「忘吾有四肢形體」。而倏與忽呢？「日鑿一竅，七日而混沌死。」

為什麼都是七天呢？

《易‧復》：反復其道，七日來復。

《彖》說：反復其道，七日來復，天行也。

《周易》之卦，除了有「雷在地中」這樣的「象」元素外，還有不少直接或間接的「數」元素，如「七日來復」。三教九流對這個短語的「微言大義」挖掘了兩千年了，尚無定論。兼《震‧六二》與《既濟‧六二》「勿逐，七日得」的重複出現，對「七日」之解更為懸念。

王弼注:「陽氣始剝盡至來復,時凡七日。」孔穎達疏:「天之陽氣絕滅之後,不過七日陽氣復生,此乃天之自然之理,故曰天行。」一說「七日」指「七月」。宋孫奕《履齋示兒編‧經說‧七日來復》:「七日來復者,昔之計月,非其正歲,則以日數之,即《豳》詩『一之日』、『二之日』是也。」宋朱熹《近思錄》卷一「七日來復」清茅星來注:「日即月也,猶《詩》言『一之日』、『二之日』也。以卦配月,則自五月陽始消而為姤,至十一月陽生而為復,凡七月也。」

「七日」是否是「七月」?

「天行也」是「天體運行」呢?還是「天行健」之「天行」?還是「乃天之自然之理」?

或者是:乾卦六陽爻,姤卦始消去一陽,至坤六陽盡去,至復一陽重見於下。乾陽經七變,終於由消轉為復。又因乾陽取象為日,故說七日來復?

這些名家的注疏,究竟誰的與上古風俗,或者古之卜者的原意合轍,深究這個問題有點像是「刻舟求劍」,「舟已行矣,而劍不行,求劍若此,不亦惑乎?」這並不妨礙,各家學派對其「微言大義」挖掘。《易經》本身的意義,遠遠遜色於這些引申出來的東西,後者才是深遠地影響了內丹學派的古典理論。

我們先找一個比較具有共識的看法:即六十四卦中的《復卦》集中反映了天象陰陽氣數回返的觀念。

現代《周易譯注》給出了這樣解釋:「七日,借取日序週期『七』象徵轉機迅速,猶言過不了七日。」該書認為「七日」正為日序週期轉化之數;「七日來復」猶今語「一星期之間」,有「轉機迅速」義——被內丹道援引後,就是「一日成」。

作者引證的出土文物資料,見於王國維《生霸死霸考》(見《觀堂集林》一卷)內載古代青銅器的銘文。銘文中保留著一種現存文獻失載的周初紀日法,即按月亮盈虧規律,分每月為四期,每期七日(或因大小月有八日者),從月初至月末依序取名為「初吉」「既生霸」「既望」「既死霸」。這個資料,說明了周代初年的紀日法,是按月亮盈虧計算的,把每月分成四期,每期為七日,或因大、小月的關係,也有八日。

傳統文化中分別有以一到十為週期的各種應用,假如七為週期,還要八,九,十干什麼呢?顯然,周曆以七日為時序的轉換規則,提煉於時間觀念。上古以七作為週期,源自以月亮記日的方法。就是說,古人直覺到了這個七,是

月球的週期——你看這個期字的偏旁，不就是一個月嗎？

若從十二辟卦方位來說，自五月《姤》至十一月《復》亦為七月。古人稱月為日，自有它的出處。《詩經·的風》：「一之日觱發，二之日栗烈」。這裡的一之日為周曆正月，二之日為殷曆正月。古人之變月為日，可能是一種習俗上的衍稱。但是復卦的象與回歸年、冬至也大有附會的空間。

《復·象》：「雷在地中，復。先王以至日閉關，商旅不行，后不省方。」

這裡又講「至日」，即冬至日。很明顯指的是一年。

《尚書·堯典》曰：日短星昴，以正仲冬。孔安國注曰：日短，冬至日也。冬至日，白晝最短。

《尚書·堯典》：「期三百有六旬有六日，以閏月定四時，成歲。」

《禮記》曰：仲冬之月，日短至，陰陽爭，諸生蕩。（李昉注：爭者，陰方盛，陽欲起也。）君子齋戒，處必掩身，身欲寧。去聲色，禁嗜欲，安形性，事欲靜，以待陰陽之所定。

冬至是一年最短的一天，這一天為陰之極，陰極則陽生，太陽的中天仰角從這一天開始上移，所謂冬至一陽生。

冬至日，「陰方盛，陽欲起」，這正符合復卦的象。復卦初爻為陽，上邊全是陰爻，六爻都是從下往上行進，正是「陰方盛，陽欲起」之象。復卦用初爻為陽爻表達了「冬至一陽生」的狀態。

《尚書》在先秦時期是地位最高的文獻，以三百六十六日為一年週期是權威性的。據《封禪書》載：「黃帝得寶鼎神策，是歲己酉，朔旦冬至，得天之紀，終而復始。」

「朔旦冬至」：古人治曆，以夜半為一日的開始，朔旦為一月的開始，冬至為一年的開始，以冬至為元旦。

「得天之紀」：以日月星辰的天象作為紀年起算的依據。

所以，八卦之復，這裡是否可以理解成，此卦想說的有這麼幾個意思或規律：

1. 週期之反覆有大有小，大週期包含著小週期，揭示了事物螺旋式發展（及質量互變）的規律。

2. 天道反覆週期為一日，一月，一年，那麼人道亦要效法。

3. 在卦象，爻辭和象辭中，分別給出了大小週期的出行與閉關的方法和條件：上順下震，動而下以順行，以修身也。

　　周朝以冬至為歲首，這是沿襲了黃帝「朔旦冬至，得天之紀，終而復始」的古制。冬至是上一年的結束，「七日來復」就是上一年「期三百有六旬有六日」，到了第七日太陽開始往回走。復，歸也，新的一年開始了。

　　古文尚簡也因為竹簡的空間小，在簡上寫字必須「從簡」，七日是三百有六旬有七日的簡略說法，呵呵，有點意思。

　　「七日來復」雖有各種解釋，然而都不外乎「陰陽消息」，這就是內丹學派延伸其意義的契機。「復」乃歸本之名，群陰剝陽，殆至幾盡，一陽來下，故為反覆、恢復、重複、復興、復新、光復等等。

　　古代的易學家與天文術數家，均視循環以七日為期，這裡也隱蘊「乘時通變」、「轉機迅速」的道理。因卦位有六，「七」就成了爻位另一週期的起點，是乘機更張的開始，亦有事物循環週期短暫的意思。《震卦》六二爻辭和《既濟卦》六二爻辭均有「七日得」字樣，意謂失物短期內可復得。紫陽真人的「赫赫金丹一日成」句子就可以在這裡找到「古意」。

　　《繫辭傳》明確說，伏羲氏當初畫卦的時候，其首要的依據就是「仰則觀象於天」。可見八卦一開始就與原始初民對天象的觀察有關。以後演出的六十四卦，和用來預告吉凶的卦爻辭，以及《易傳》對《易經》的闡釋，都曾聯繫到古代的天文曆法知識。由於我國古代，農業生產是社會的基礎，原始初民從最初從事種植開始，就得注意掌握氣候與季節的變化，以及日月星辰的運行。《周易》作為卜筮之書，為人們預測生活前景的吉凶，當然首先要聯繫天象。何況古人對天象本身就抱有一種神秘感，認為人的命運由天來主宰。最原始的天人感應思想在這裡已經萌發了。

　　而農業生產最重視的曆法節氣，與中國文化的天人合一觀，兩者都和古人最重視的「天垂象」有著直接聯繫。

　　1987 年，在河南濮陽西水坡 45 號墓中，考古學家發現古人用蚌殼擺塑出了一幅天文星圖，其年代約為距今 6500 年，那個完整的圖像，與真實的北斗星象位置完全吻合。

　　1977 年，湖北隨縣發現的曾侯乙墓，在其中一件漆箱的蓋子上，繪有一幅彩色的天文圖。畫面中央是篆書的一個特大「斗」字，四周寫著二十八宿的名稱，那個「斗」字代表了北斗星，它的地位如此突出，正是古代北斗崇拜的一種表現。

　　先民的能觀察到的「循環往復」，除了太陽和月亮外，還有什麼？就是北

斗七星了。而且，北斗七星比較穩定處於北方夜空地平線以上，圍繞北極星（也稱天心）逆時針旋轉，季節不同七星在天空中的位置也不盡相同。因此，先民就根據它的位置變化來確定季節：「斗柄東指，天下皆春；斗柄南指，天下皆夏；斗柄西指，天下皆秋；斗柄北指，天下皆冬。」

日月之行固然顯著，但是只能在地平線以上的部分能看到，沒入地平線以下就看不到了。夜行人和航海靠什麼指路？北極星，又稱紫宮、紫微垣。是野外活動、古代航海方向的一個很重要指標，另外也是小至觀星入門之辨認方向星座，大至天文攝影、觀測室赤道儀的準確定位等皆為十分重要的作用。由於北極星最靠近正北的方位，千百年來地球上的人們也靠它的星光來導航。

不同於西方以黃道座標為中心的天文體系，中國古代發展了以赤道座標為中心的天文體系，北極星在這一體系中處於天球正北，無疑具有獨特的地位，在中國古代往往作為帝王的象徵。

古代中國天文學家為了區分天文星象，將星空劃分成三垣二十八宿。三垣即紫微垣、太微垣、天市垣。古代認為紫微垣之內是天帝居住的地方，因此預測帝王家事便觀察此天區，認為此區星象變化預示皇帝內院，皇、后、太子等命星皆居於此，流星現則內宮有喪，星象異則內宮不寧。

所以有人講復卦講的是北斗七星的運行，也不是沒有道理。

從天文學上可知，北斗七星具有觀測便利、實用準確的特點。在古人看來，北斗七星圍繞北極星旋轉，於是古人根據北斗七星的運動而觀陰陽，定方位，明四時，再整一些資料自己折磨一下腦筋，這些有益的學習、刻苦的訓練，對於我們的研修，雖然最終它是無用的，但是初期免不了的，就像一個孩子在成長期，你就讓他學習「難得糊塗」，那麼他的老年癡呆症不定會在青春期就顯示出徵兆來的：

《晉書・天文志》：北斗七星在太微北，七政之樞機，陰陽之元本也。故運乎天中，而臨制四方，以建四時，而均五行也。……斗為人君之象，號令之主也。又為帝車，取乎運動之義也。又魁第一星曰天樞，二曰璇，三曰璣，四曰權，五曰玉衡，六曰開陽，七曰搖光，一至四為魁，五至七為杓。樞為天，璇為地，璣為人，權為時，玉衡為音，開陽為律，搖光為星。

古人以北斗為天之樞機、為主。斗與主古音同，故可互借。《易・豐》九四：「日中見斗。」《釋文》引孟喜云：「斗，本作主。」《尚書帝命驗》：「黃曰神斗。」宋注云：「斗，主也。」項安世《周易玩辭》引《子夏易傳》釋《說

卦》「艮為狗」曰:「斗主狗,斗止而動,艮之象也。」子夏所習《易本命》以艮為斗。《晉書·天文志》「樞為天,璇為地,璣為人,權為時,玉衡為音,開陽為律,搖光為星」。

「璇璣玉衡以齊七政」中的「璇璣玉衡」是指北斗七星。其順序名稱為一天樞,二天璇,三天璣,四天權,五玉衡,六開陽,七搖光(或謂瑤光)其中一至四為「斗魁」,又名「璇璣」;五至七為「斗杓(biāo)」,「斗柄」,又名「玉衡」,這些經典詞彙後來被內丹學派頻頻引用,賦予新意。

北斗七星和日月五星是天空中的運動變化不息的主角,其他所有恒星則是相對穩定的恒星。古人以北斗確定四季(時間)和方位(空間),日月是陰陽理論的基石,五星則是五行的基準,陰陽乘五行就是十天干:甲乙木,甲陽木,乙陰木;丙丁火,丙陽火,丁陰火;戊己庚辛壬癸仿此。

中國古人認為,二十八宿代表整個天體,而北斗處於它們中央,那正是「天心」,看《彖傳》的最後一句:「復,其見天地之心乎?」《尚書·舜典》:「正月上日,受終於文祖,在璇璣玉衡,以齊七政。肆類於上帝」說的是「在正月吉日,舜在堯的太廟接受了禪讓的帝位,立即觀察北斗星,列出日月與五星七項的位置,然後向上帝報告自己登位。」帝王又稱天子,掌握天文是做天子的標誌。《論語·為政》:「為政以德,譬如北辰,居其所,而眾星共之。」由此,衍生出了具有中國特色的政治天文學,司馬遷在《史記·天官書》總結為:「斗為帝車,運於中央,臨制四鄉。分陰陽,建四時,均五行,移節度,定諸紀,皆係於斗。」北斗在北夜空逆時針旋轉,儼然是天體的指揮中心。

居於北辰的北斗共有七顆星,而居於南天空的日月五星也是七個,古人出於對北斗、日月的崇拜,七這個數字最先成為最神秘的數字,然後經過「政治天文學」,引申成為天地之間最神聖的計數。

這樣古人自然就聯想到「七」就是最大的數,自然序數到七的時候就是一個節點,一個期限,一個週期。

查閱數字「七」的甲骨文體及金文體,它的寫法就是「十」,再翻出「十」的甲骨文,看到了麼,它的寫法竟然是「一」,豎著的。

《甲骨文字典》:七於橫畫加一小豎,會切斷橫畫之意。

《數名古誼》:七本象當中切斷形,自借為七數的專名,不得不加刀於七以為切斷專字。

意思是:為了不把七與十混淆,將七的豎畫彎曲了。

　　這說明古代「七」數表示某種週期和最後期限的意思。

　　這種「天象」在《黃帝內經》就天上落實在了人類身上：「女子七歲腎氣盛，齒更髮長。二七（14歲）而天癸（月經）至，故有子。三七腎氣平均，故真牙生而長極。四七筋骨堅，髮長極，身體盛壯。五七陽明脈衰，面始焦，髮始墮。六七三陽脈衰於上，面皆焦。七七任脈虛，太沖脈衰，天癸竭，地道不通，故形壞而無子也。」《傷寒論》第八條稱：「太陽病，頭痛至七日以上自愈者，以行其經盡故也。」說病氣在經絡中循行到了盡頭，故其主證頭痛到七日可以自愈。

　　由於《周易》是我國古代留傳下來的一部最古老的文獻，而且在社會上又佔有非常特殊的地位，因此，它所提到的一些天文曆法方面的知識，對後世的天文曆法科學影響甚大。《周易》本身雖非一部專門的天文曆法文獻，但後世的一些天文學曆法學家，總喜歡從中尋找其所需要的數學模式。有的人甚至以自己實測得到的數據去充實發展《周易》中的數學模式，並說這是《周易》中所固有的。可見，其對後世天文曆法科學影響之大了。

　　同樣，內丹學派也以自己的內煉所得，去附和《周易》，並說這就是《周易》的本意。

　　至於西方，《聖經》說上帝在七天內創造萬物，因此以七天為一星期。現在七日為一周在全世界使用。七日周而復始，成了「七日來復」的現代版。數字「七」普遍存在於道藏、佛經、《聖經》、《古蘭經》等全世界文化軸心經典，這說明人類智慧啟蒙的共通性。

　　其實「七日」可以直接說是曆法裏的「一周」，而一周＝一圈。

　　把「一陽來復」和「七日來復」經典意義搞清楚，再看祖師的注釋，也就差不多知其言下之意了，只是，「紙上得來終覺淺，據知此事要躬行。」

　　再看明清之際丹經的渲染，現在，你為什麼能看出，其言有實也，也有虛也？

　　《仙佛合宗》七日採大藥天機第五：

　　　　問曰：「《直論》中所謂『七日口授天機，採其大藥。』未審大藥何以必須採於七日也？」

　　　　曰：「陽光三現之時，純陽真炁已凝聚於鼎中，但隱而不出耳。必用七日採工，始見鼎中火珠成象。只內動內生，不復外馳，故名真鉛內藥，又名金液還丹，又名金丹大藥。異名雖多，只一真陽，

即七日來復之義也。」

那是因為，我們已經知道了，「七日」之說，僅僅是引經據典，而非實指七日。丹經中另外「百日築基」、「十月懷胎」，都是喻言，而非實指。

其言下雖虛，亦復有實。這就涉及學者的悟性了，《仙佛合宗》中又講：「兩眉間號曰明堂，陽光發現之處也，陽光發現之時，恍如掣電，虛室生白是也」。對應的就是紫陽真人《金丹四百字》之「虛無生白雪，寂靜發黃芽，玉爐火溫溫，金鼎飛紫霞。」

有人把「虛室生白」解釋為臥室都亮了，可以捧經誦讀，良可歎也。虛室乃神室，和府上的實用面積與車庫無關。援自《莊子·人間世》：虛室生白，吉祥止止。「止止」，丹派解釋為抑制非分念頭，使紛繁複雜的心思歸返，由雜而還純，達於「至一」。虛室本無，氣至乃生。吾人之經歷，初期像月光，後期如日光。然後懸於虛空，其聚則有散則無。所以我說，岐伯答帝曰地球懸於「太虛之中」，即推己及天，即由「小宇宙」之象，推演「大宇宙」之道也。

內丹學派援引的這些經典名句，就像古之臣民之專喊的吾皇「萬壽無疆」，語出《詩經·豳風·七月》：「稱彼兕觥，萬壽無疆。」僅僅是因為這個詞的經典、雅致，而非俚語俗話之故而。那麼我們在為之注釋的時候，究竟該怎麼解讀呢？

「祝您健康永遠健康」就是個不錯的注腳。

下面我把歷代祖師、高士對真人契歌的注解羅列過來，讀來必有所得。

道光曰：冬至一陽生，為復卦。三十日又增一陽，為臨卦，為泰，為大壯，為夬。至四月六陽為純乾，乃陽火之候。陽極則陰生，夏至一陰生，為姤卦。三十日增一陰，為遯卦，為否，為觀，為剝。至十月六陰，為純坤，乃陰符之候。陰極則陽生，周而復始，此一年之火候也。聖人移一年火候在一月之中，朔旦復卦，兩日半增一陽，至十五日為純乾。十六日一陰生，為姤。又將一年之候移於一日之中，分為寒暑、陰陽、溫涼、四時之氣，故以中夜子時一陽生為復卦，午時一陰生為姤卦。陽火陰符，一依天地陰陽升降之道。

子野曰：冬至初陽來復，喻身中藥生之時。此時於一月終，見此氣候，所以云三旬。增一陽爻者，月中之復卦也。自復至乾，乾滿而姤，姤即藥過之時。金逢望遠之候，日又別為寒暑，言一日之內煉藥氣候。半夜子時為復，日中午時為姤。學者煉藥，須要明其

心中一陽之時，天地一陽之時，毫髮無差，金丹可望。

上陽子曰：冬至潮候，乃天地之造化。鉛見癸生，乃人身之造化。天地一陽復而萬物兆，人身一陽生而真鉛現。此時不採不煉，則過時混濁，藥物不真。既得一粒之丹，與自己真汞既濟而成乾，乃行陽火，姤巽承領陰符，日運己汞，已固陽精，故曰姤，像一陰朝，這裡又須口授也。

朱元育闡幽：此章言攢簇周天，乃火候之法象也。大丹之功全仗火候，火候之秘不可以言宣，先聖不得已寓之易象，此復姤之所以為天根月窟也。復姤之妙又不可以言宣，姑以年月日時寓其法象，大約只是陽動陰靜兩端而已。以一年計之，十一月冬至一陽初動為復，每月增一陽爻，十二月二陽臨，正月三陽泰，二月四陽大壯，三月五陽夬，直到四月六陽成乾，陽極而陰生矣；五月一陰初靜為姤，每月增一陰爻，六月二陰遯，七月三陰否，八月四陰觀，九月五陰剝，直到十月六陰成坤，陰極而陽又生矣。此言一年之火候也。古聖恐世人著在年上，乃移一年之火候於一月。以月朔當復卦一陽初生，上弦適當二陽之兌，至望而成乾，三陽足矣；月望當姤卦一陰始生，下弦適當二陰之艮，至晦而成坤，三陰足矣。此言一月之火候也。又恐世人著在月上，乃移一月之火候於一日。以子時一陽當復卦，到巳而為六陽之乾，午時一陰當姤卦，到亥而為六陰之坤，一日之中已具足一月之晦朔並一年之寒暑。大約取陽動陰靜，而金丹之火候視此以為進退而已。一陽初動，朝晨之象，即年中之冬至，月中之朔日也，當準之而進陽火；一陰初靜，黃昏之象，即年中之夏至，月中之望日也，當準之而退陰符。簇年歸月，簇月歸日，簇日歸時，只在一時動靜中，自分昏曉而已。故總收之曰「煉藥須知昏曉」，絕句中「一時辰內管丹成」即此意也。孰知一時又簇在一刻哉！又孰知時本無時，刻本無刻哉！噫！此真火本無候，至妙至妙之機關也。

董德寧正義：夫一年十二月之節候，始於冬至為一陽之生，在卦乃地雷復也。而每加三旬，則增一陽爻，故十二月為地澤臨卦，乃二陽生也。正月為地天泰卦，乃三陽生也。二月為雷天大壯卦，乃四陽生也。三月為澤天夬卦，乃五陽生也。四月為純乾卦，乃六

陽全也。陽極則陰生，故五月為天風姤卦，乃一陰生也。六月為天山遯卦，乃二陰生也。七月為天地否卦，乃三陰生也。八月為風地觀卦，乃四陰生也。九月為山地剝卦，乃五陰生也。十月為純坤卦，乃六陰全也。陰極則陽生，周而復始，如環無端也。若將一年之陰陽消息，而移於一月之中，則朔晨為復卦之功超。以兩日半準一月，而望日為乾卦之罷終。其十六日，乃姤卦之初兆，至晦日則為純坤，而一月盡矣。又將其盈虛造化，而移於一日之中，以別四時之寒暑溫涼，則夜為寒，晝為暑，朝為溫，昏為涼。故中宵之子時，為一陽復卦之起。而當晝之午時，為一陰姤卦之朝。至亥時則為純坤，而一日終矣。故謂修煉金丹之道，須知陰陽之消長，當明昏曉之行持，將天地之造化，乃移之於吾身，方達其運用之法度耳。但此章之旨，為運火之法，以年簇月，以月簇日，是固然矣。然學者，當引而伸之，觸類而長之，又須以日簇時，以時簇刻，及至簇於吾身一息之中，亦有周天造化之機，斯為玄玄之妙，乃可以煉大丹矣。

劉一明直指：上詞言抽添運用之功，是教人效法天地昏曉之造化也。一歲之昏曉，十一月冬至一陽生，每三十日增一陽爻。如十一月子一陽生，▤為復；十二月醜二陽生，▤為臨；正月寅三陽生，▤為泰；二月卯四陽生，▤為大壯；三月辰五陽生，▤為夬；四月巳六陽生，▤為乾；此六陽卦也。至五月午一陰生，▤為姤；每月三十日增一陰爻。六月未二陰生，▤為遯；七月申三陰生，▤為否；八月酉四陰生，▤為觀；九月戌五陰生，▤為剝；十月亥六陰生，▤為坤，此六陰卦也。六陽月為曉，六陰月為昏，此一歲之昏曉也。

一月之中，晦朔之間，日月交會，月受日光，三日陽光始吐海水，潮汐應之為復，每兩日半增一陽爻。至十五日月相望，光輝圓滿為乾。自初一至十五，六陽卦也。望罷乾終，十六至十八一陰生，陽光有虧，姤即兆始，每兩日半增一陰爻。至三十日晦光盡消，獨有黑體為坤。自十六至三十，六陰卦也。兩日半一候，十二候行六陽六陰之卦，此一月之昏曉也。

一日之中，又別為寒暑。每日中宵子時，一陽生為復，一時增一陽爻。至巳時六陽生為乾。至午一陰生為姤，一時增一陰爻，至亥時六陰生為坤。十二時行六陰六陽十二卦，此一日之昏曉也。

聖人移一歲陰陽昏曉於一月，移一月陰陽昏曉於一日，又移一日陰陽昏曉於一時。一時八刻，一刻十五分，八刻共一百二十分。上四刻六十分為六陽，下四刻六十分為六陰。又以一時陰陽昏曉移於一刻之中，分為十五分。以上七分半為陽，下七分半為陰，於片刻之中，採取大藥，歸於造化鼎爐，運陽火陰符鍛鍊成丹，所謂「不刻時中分子午，無爻卦內別乾坤。」但須要識得陰生陽生之昏曉耳。知的昏曉，則一日一月一歲之造化，即在一時一刻之中。彼世間盲漢，或以一日子午坐功，或以一月朔望行氣，或以冬至夏至修養者，豈知昏曉之理乎？

三十、萬法一時無著　說甚地獄天堂

1

常守一顆圓光，不見可欲思量。

萬法一時無著，說甚地獄天堂。

然後我命在我，空中無升無墮。

出沒諸佛土中，不離菩提本坐。

——《悟真篇外集·禪定指迷歌》

《天堂》

人們

幾乎所有人，都幻想自己要去天堂。

這些人的天堂在哪，我不曉得。

對於性命之道，人們渾然無覺，

卻不停轉動紡輪，編織心中的天堂。

只要此人的心，執著渴想天堂，

那麼在祂的蓮足跟前，他便找不到坐處。

我不知道天堂的聖城、護城河、城牆，和它的轄區，

我也不知道它的大門。

噢！但是，我能告訴何人

那真正的天堂，僅在天人合一處。

人們都說自己將上天堂，但這些人的天堂在哪兒，

我真不曉得。

《救贖》

世界是間木房子，

它燃燒時候，

裏面的人無一幸免。

而修行人在打坐中回攝、得救。

《輪迴》

我得到了永恆的祝福，

沒有時間痛苦和悲傷。

我的天鵝遊戲在上主知識的湖中，

聽著，我智慧的兄弟，

輪迴結束了。

——Kabir（1398～1518）

在這個光景裏，我們就明白了，上帝如同是一個住所，或者說，是一個美輪美奐的聖殿。然而這個聖殿（本身），我要重複一次，就是上帝。

現在我願意明確給你們道出，靈魂的這一住所，便是基督。

我彷彿是在某處讀過或聽說：我們的生命（「真身」）是隱藏在基督或上帝中，兩者說的是一回事，或者說基督是我們的生命。

——St.Teresa of Avila（1515～1582）

故天堂地獄一切皆吾心之所為，除非了心之人，腳根廓爾，無有掛礙，乃能空諸罪性。佛經所謂：無掛礙，故無有恐怖，遠離顛倒夢想，究竟涅槃。

——陸西星《悟真篇詩小序》

一位非常喜歡佛道文化的同事，養育了一位非常優秀的兒子，被國外多所大學錄取。然而母親有一樁心事：她在擔心孩子出家……

一位非常快樂的女生，一直很快樂。後來聽說她患了抑鬱症，想死的心都有。座談之際，她道出了無法訴說的隱情：……自從讀了佛經，不僅知道了今生是滿滿的罪孽，前世也都是贖不完的罪孽……

很有些無語了，現在不是在提倡國學嗎？什麼是國學？什麼是傳統？什麼是信仰？

什麼又是健康的信仰？

若任筆尖自由行走，也保不准墨水畫出來個什麼怪物纏身。

若不寫三言兩語，又覺得真心對不住教師這個職業。

那就隨性而寫吧，說到哪裏不想說了，就戛然而止。

單單說說天堂和地獄吧。

這一對兒概念，且不論它有還是沒有，但是對任何宗教來說，都是原教旨主義的產物，而且在宗教史上，都受過本門本派「門內人」的最強烈的質疑，因為「哪裏有壓迫哪裏就有反抗嘛」，我不是宗教徒，所以沒有那種情緒衝突。

有趣的是同事的兒子和抑鬱的女生，都是靜坐愛好者。

靜坐的好處就不說了，「半日靜坐半讀書」，看古代聖賢都在坐，誰學誰受用。

但是靜坐這件事，在古代，本來都是和宗教毫不搭界的，倒是宗教好事，把這些本來不屬於自己的東西，都一股腦的收羅到自己的藏經樓中去了。

這一點明白嗎？不明白的就不要看了。

喜歡靜坐的人都知道，它的一個好處是「自得其樂」。

道教稱之為「道樂」，佛教稱之「法喜」。

李錫堃先生傳授他的修行經驗時說過「以樂為綱」，修道的過程，一言蔽之，就是積小樂，成大樂。積大樂，成「極樂」和「常樂」——就是彌勒嘍。

為什麼樂呢？

現代生物學已經給出了最滿意的答案：動物快樂的「生化」基礎是內啡肽多巴胺。

宗教展示的「天堂」都是快樂的、美好的，所以宗教家也說，「天堂由心造「。這個不知道我解釋得好不好？但願既沒有獲罪宗教，又實現了教師的心意⋯⋯

時下正熱播一部軍事題材的電視連續劇，其中那位很有個性的自學成才的李軍長，起初一字不識，後來學會寫論文了，其論文說：任何一支部隊都有自己的傳統，傳統是什麼呢？傳統是一種性格，是一種氣質。這種傳統和性格，是由這支部隊組建時首任軍事首長的性格和氣質決定的，他給這支部隊注入了靈魂。從此，不管歲月流逝，人員更迭，這支部隊的靈魂永在。

佛教是世界上最悲觀的宗教之一，這一點應該是眾所周知的。那麼，教主與生俱來的過敏、悲觀的性格，無不溶於其後的宗門之中，這一點不會有誰懷疑吧。

他長期研究後，宣布：欲望，是痛苦的根源！

欲望從哪裏來呢？

肉體！

所以，「地獄由身造」！

釋迦牟尼發誓要度空地獄，這個地獄，就是他的「鯤鵬展翅，九萬里，翻動扶搖羊角」的靈魂，在「背負青天朝下看」時，無比感慨的在地上匍匐而行的（他本人的）那具肉體，在滾滾紅塵中穿梭的那個人。

莫非這個與生俱來的血肉之軀、有一個進食孔兒一個排泄孔兒的、又進化出無數應付外界刺激的條件反射的「臭皮囊」，就是他所謂的地獄？我想。不信，你聽聽一群苦孩子的對話：

「你說咱長這麼大容易嗎？」

「說別人我不敢說，反正我是真不容易！」

「可不是！打在胎裏，就隨時有可能流產！當媽的一口煙兒，就可能長成畸形！長慢了，心臟缺損；長快了，就六指兒！啊，好容易扛過十個月生出來了，一不留神，還得讓產鉗把腦子壓扁了！都躲過去了，小兒麻痹、百日咳、猩紅熱、大腦炎還在前面等著咱們呢！哭起來嗆奶，走起來摔跤；摸水水燙，碰火火燎；是個東西撞上，咱就是個半死兒！哎呀，鈣多了不長個兒，鈣少了吧羅圈兒腿兒！總算混到會吃飯能出門兒了，天上下電子，地下跑汽車！大街小巷是個暗處就躲著個壞人！你說，趕誰都是個九死一生——不送死也得落個殘疾！」

「這都是明槍！還有暗箭呢！勢利眼兒、冷臉子、閒言碎語、指桑罵槐；好了遭人嫉妒，差了讓人瞧不起；忠厚人家說你傻，精明了人家說你奸；冷淡了大夥兒說你傲，熱情了群眾說你浪！走在前頭兒挨悶棍兒，走在後頭兒全沒份兒！這也叫活著？！純粹是TM練一輩子輕功！」

「大家都是苦孩子……」

「我就是那苦孩子裏的頭兒頭兒，黃連樹的根兒根兒，苦瓜藤的尖兒尖兒，藥罐子裏的渣兒渣兒！」

——《編輯部裏的故事》

喬達摩·悉達多，在學道之初，他發誓「度空地獄」，這個「迴向」，就是

這個「誓願」很是要得的。沒有這個，一位革命者無法做到「砍頭只當風吹帽」，一個修行人又憑藉什麼去忍受那些孤獨之旅中的無盡的苦惱？

而在他得以解脫後呢？我們看今天的地獄，是空了？還是正在以幾何倍數擴容？

在東方，和他出生前後不遠的一位聖賢，也有同樣的意思表達：「及吾無身，吾有何患」？

一支歌曲不知從何處飄來：

一壺濁酒喜相逢，古今多少事，都付笑談中……

好吧。今天就寫到這裡，「明朝有意抱琴來」。

如果沒有興趣，那就「靜坐」吧，要點就是：塞兌垂簾默默窺。

靜坐，是促進內啡肽分泌的方法之一。

需指出的是，不但跑步、爬山、打太極拳等運動會提高內啡肽的分泌量，冥想、靜坐、瑜伽等「修行」，也會提高內啡肽的分泌量，甚至遠遠超過「運動」。國外有些學者乾脆把冥想、靜坐、瑜伽等「修行者」叫做內啡肽體驗者。因為在這種鍛鍊方式中，內在的欣快感，就是人本主義心理學派所謂的「高峰體驗」——這個，就是宗教的「極樂世界」的奧妙——你心中的「天堂」的建築材料！

現代醫學發現：內啡肽可以使我們愉悅，使我們鎮靜，使我們健康，使我們長壽，內啡肽能提高我們的免疫力，能提高我們的記憶力，能提高我們的成績，能提高我們的工作效率。人心情好壞，同大腦內分泌的內啡肽多少是互相作用的。心情和內啡肽是雙向的。內啡肽不僅能「鎮痛」，使人愉悅，使人年輕，使人健康，使人成功，反過來人的愉悅感、滿足感、輕鬆感、成就感能夠增加內啡肽的分泌。

大腦自然產生的內啡肽，有外源性阿片肽相同的作用，但它不會有外源性阿片肽的副作用，也不會有吸毒者惡果，因為我們的機體天然是平衡的。

人的成就感能夠刺激內啡肽的分泌，所以我們每天都應該有成就感。成就不在大小，有成就就好。

人的身心處於輕鬆愉悅的狀態時，可以促進人體大腦分泌內啡肽。所以我們每天都應保持心情愉悅。我們每天要做好事，做善事，與人為善，不做壞事。做好事，做善事，不是為了回報，而僅僅是為了心情愉快。這就是古人說的積陰德。

運動本身可以促進人體大腦分泌內啡肽。最典型的例子是長跑。我們叫它跑步者的愉悅感（runner's high）。長跑的人都會體會到，在長跑的過程中，有一個奇妙的時間點。在那個點之前，人會感到非常疲憊；一旦越過了那個點，身體就又會充滿了活力，就又會感到振奮。這是因為當運動量超過某一階段時，體內便會分泌腦內啡。這時，繼續跑步就變得輕鬆了。

內啡肽的分泌需要一定的運動強度和一定的運動時間，才能使它分泌出來。換句話說，長時間、連續性的、中量至重量級的運動是分泌腦內啡的條件。因為只有運動把肌肉內的糖原用盡，只剩下氧氣，腦內啡才會分泌。從時間上講，運動 30 分鐘以上才能刺激內啡肽的分泌。

即便「強作歡顏」也跟好心情時歡笑一樣，同樣能促進 5—羥色氨的分泌。笑一笑，十年少。因此我們日常一定要保持微笑。做氣功和瑜伽練習時，要暗示自己微笑，而且要發自內心的微笑——像佛陀的塑像那樣。

內啡肽具有很強的生理功能：

內啡肽除具有鎮痛作用外，尚具有許多其他生理功能，如調節體溫、心血管、呼吸功能，它還參與調節腺垂體激素的分泌和消化功能，降低血膽固醇降低。對攝食、生殖、學習等行為也有影響。

向動物腦室中注射內啡肽，可引起全身深度失去痛覺，體溫下降，行為變得木僵。再施以嗎啡拮抗劑納洛酮，不再有上述失痛感覺。內啡肽誘導出的行為表明，內啡肽可能參與感情應答的調節作用。

近年來研究表明，β-內啡肽是調節 GnRH 分泌及月經週期的一種重要神經肽，與女性生殖生理及婦科疾病的病理有著密切關係。

今天，科學家已能很容易地測出內啡肽在大腦和脊髓中的數量和軌跡。內啡肽研究者、諾貝爾獎金獲得者羅傑·吉爾曼發現，產生內啡肽最多的區域，就在學習和記憶的相關區域。因此內啡肽可以提高學習成績，加深記憶。

內啡肽能夠調整不良情緒，調動神經內分泌系統，提高免疫力，緩解疼痛。

在內啡肽的激發下，人能順利入夢，消除失眠症。人的身心處於輕鬆愉悅的狀態中，免疫系統實力得以強化。

內啡肽可以對抗疼痛、振奮精神、緩解抑鬱。還能讓我們可以抵抗哀傷，掀起興奮的波濤，讓我們創造力勃發，提高工作效率，等等。

內啡肽還能讓我們充滿愛心和光明感，積極向上，願意和周圍的人交流溝通。

內啡肽可以幫助人保持年輕快樂的狀態，所以內啡肽也被稱之為「快感荷爾蒙」或者「年輕荷爾蒙」。

從生物化學的角度去理解靜坐中的身心反應，那麼很多宗教經典中的、頗為迷惑人心的──神學概論，也就迎刃而解了，願同學見仁見智，尤其祝願那些沉溺於封建迷信中的同學們好。

生物學家的研究成果是：苯基乙胺使人墜入愛河，多巴胺傳遞亢奮和歡愉的信息。去甲腎上腺素讓戀愛的人產生怦然心動的感覺。內啡肽能夠使戀人雙方持久快樂。腦下垂體後葉荷爾蒙則是控制愛情忠誠度的關鍵激素。

如果說，愛情＝多巴胺，那麼，道情＝？

道之樂呢？禪之悅呢？法之喜呢？它們的物質基礎是什麼？

讀者們同學們自己去盡興地聯想吧。

生物科學家在揭開大腦的奧妙時發現，大腦中心──丘腦是人的情愛中心，其間貯藏著丘比特之箭──多種神經遞質，也稱為戀愛興奮劑，包括多巴胺、腎上腺素等。當一對男女一見鍾情或經過多次瞭解產生愛慕之情時，丘腦中的多巴胺等神經遞質就源源不斷地分泌，勢不可擋地洶湧而出。於是，我們就有了愛的感覺。

在多巴胺的作用下，我們感覺愛的幸福。人們品嘗巧克力時或癮君子們在「騰雲駕霧」時，所體驗到的那種滿足感，都是同樣的機制在發生作用。

多巴胺帶來的「激情」，會給人一種錯覺，以為愛可以永久狂熱。不幸的是，我們的身體無法一直承受這種像古柯鹼的成分刺激，也就是說，一個人不可能永遠處於心跳過速的巔峰狀態。所以大腦只好取消這種念頭，讓那些化學成分在自己的控制下自然新陳代謝。這樣一個過程，通常會持續一年半到三年。隨著多巴胺的減少和消失，激情也由此變為平靜。呵呵，您能一直處於大藥、小藥中的「六根震動」中嗎？呵呵，看《老子》第二十三章說了什麼：

　　希言自然。故飄風不終朝，驟雨不終日。

再看一個：

科學家揭示出了愛情在大腦中的位置，以及組成愛情的獨特化學成分──多巴胺。研究同時表明，愛情帶來的迷狂，在化學組成上，與人發瘋的時候幾乎完全一樣。所以，那些表白「親愛的我愛你愛得發瘋」的男女們，其實並沒有誇張，他們在無意中，說出了一個偉大的科學驗證──戀愛中的人喜歡海誓山盟，開出許多不能兌現的支票。這實在不能說是一種有意的欺騙，因為在

承諾的時候，一個深陷情網的人會真的相信自己有這樣的能力。自信心的空前膨脹是這種神經傳導物質的副作用之一！例如喬達彌悉達多要度空地獄而後成佛，三千年過去了，現實又是一個什麼情景呢？現實是人類奔向地獄的速度超越歷史上任何一個時期。

科學家還告訴我們：多巴胺的強烈分泌，會使人的大腦產生疲倦感。大腦疲倦了以後，要不減少多巴胺的分泌（也就是俗稱的「情到濃時情轉薄」），要不就乾脆自動停止分泌。由此引發的後果就是──丹道的「動極生靜」。

科學就是科學，不由你不信。

不知道你注意到沒有，上面的一段文字「科學家研究同時表明，愛情帶來的迷狂，在化學組成上，與人發瘋的時候幾乎完全一樣。」

再給這一段文字一個後續，請同學們自己去聯想它的意義：

多巴胺洶湧澎湃的時候，他們的腦電波顯示，和癲癇病患者、精神病患者發作的時候，是沒有區別的⋯⋯

呵呵，你想到了濟公，還有禪宗那些瘋瘋漢子，好了，自由了，民主了，不要一點點兒的集中，失去了最後的「約束」，悲催的是歷史的圍觀者還不停地鼓掌喝彩，讓人下臺都沒有了臺階。如果能把「清靜無為」沉入心底、鑄入靈魂，是不會走到這一步的。

通過借喻和類比的手法，用「談情說愛」來類比很多丹道的現象、禪修的奧妙，不獨是一家的傳統，它是所有的傳統。

一般而言，佛系奚落道系時，主攻方向是「守屍」與著相。

但佛系一旦喻說法相，比道系還嗆人：

一個叫克勤的和尚，是宋朝臨濟宗楊岐派著名僧人，他向法演問道。

法演說：你少年時可曾讀過一首豔詩？一段風光畫不成，洞房深處惱予情。頻呼小玉原無事，只要檀郎認得聲。

詞面的意思是：古時男女授受不親，一個女子是不能主動對男性表示愉悅之情的，縱然是洞房花燭之夜的新娘子，也不能大聲呼叫自己的夫婿。只能枯坐洞房等待夫婿的新娘，自不免愁惱之情。她頻頻使喚貼身丫鬟小玉拿茶倒水，無非是要引起丈夫的注意，讓他知道有人正在房中等待。

多年以後，克勤入門了。他把自己開悟的見地也寫成一偈，呈給了他的師傅，內容比他師傅的還「夠嗆」：

金鴨香爐錦繡帷，笙歌叢裏醉扶歸。

少年一段風流事，只許佳人獨自知。

關於這段公案，我看過不少解釋，其中不乏名流，但是味如嚼蠟，乏善可陳。

如果落實了丹道的先天一氣，真種在乎手，一讀這則「公案」，你的身心都會有劇烈的反應，這是你的真心真意在告訴你，呵呵，真經啊。這樣，我們就不會念歪了：「少年的情意，只有熱戀少年的女子才能感覺得到。」啊，這是佛對眾人的呼喚，也只有那些心中有佛的人才能聽見──囈語連篇！

一些佛系的「概念」，像無根樹、一粒粟、活死人、無孔笛等，真要解釋得通透，還得交給丹派來做：

那個在閨房中守候的女子，她就是離卦中的「陰」，就是心中的真情實意。

「真意」這個概念，在實修上是以光芒的形式展現的，故曰性光。

那個遲鈍的檀郎呢，就是坎卦中的「陽」，就是內丹學派喋喋不休的「先天一氣」，也叫「真一之氣」，它以「炁」之「潮湧」的狀態呈現。

真意在洞房裏，在等候一氣。在等候一個時刻，就是莊子講過的「虛而待物」。

然後「沖氣以為和」，結成真身、孕育聖嬰。

> 沖虛二言，乃玄門之關鍵，道學之符徵也。唯其沖，足以全玄黃之功；唯其虛，可以幹造化之樞。蓋和以盎於四體，而空以涵夫中胅。一吻契乎自然，曾弗爽於無為。迎於先而不見其合，推於後而不見其離。雖恍惚其有物，竟孰探其幾微。彼專氣如伏雌，抱一若嬰兒。以大道之難言，姑假象而示斯。神明之胄，為世玄師，約萬言之喉衿，貫一理之妙機。瓊臺小史，執筆受書，掇三洞之隱文，請揭之於座隅。
>
> ——《鑾坡後集》卷九

這一段佳話非常到位，可謂「文質彬彬」。宋濂在出仕朱明前，有在仙華山修道的經歷，所以大學士雖然對沉溺於求仙、長生不死等道教方術敗壞國政有毫不留情的批評，對精神上出塵凌虛的神仙境界卻很是嚮往，那麼他一直以「玄真遁叟」自稱也不足以為怪了。直到晚年，他還一直期望能再回仙華山修道：「予老矣，諸書皆忘去。此卷雖久留齋中，不克題就。今日退朝稍早，逍遙禁林，涼颸飄飄然吹衣，神情爽朗，有若憑虛而行歌天上，遂濡毫賦此。他日煉丹仙華山中，九轉功成，當與沖虛神遊八極，握手一笑，何翅三千年也。」

　　與生小藥時的「活子時」有別，先天一氣在生發的時候，丹道叫「正子時」。

　　《入藥鏡》起句「先天氣，後天氣」是文學筆法的描述，非有兩股「氣」耳——此處「二氣」，亦即神氣「二物」。《五篇靈文》版本很多，鄭（觀應）版本直接與崔公默契上了：

　　　　重陽曰：先天一氣，自虛無中來，歸於己身，與後天之氣相交，自然神抱於氣，氣抱於神。古云：「先天氣，後天氣，得之者，常似醉」。自然而然，無一毫作為。念想呼吸往來，總歸於本源。煉法成丹，為之胎仙，身心泰定無為，而神氣自然有為。只要委之虛無，不可存想，如天地自然靜定，自然陰陽升降，日月往來，而造化萬物也。

　　　　　　　　　　　　　　　　——《王重陽祖師傳授七真靈文五篇》

　　二物在《入藥鏡》後文中，又反覆排比出現，「上鵲橋，下鵲橋」、「水怕乾，火怕寒」、「鉛龍升，汞虎降」等等、等等。而「得之者，常似醉。」就是前面「金鴨香銷錦繡幃，笙歌叢裏醉扶歸」的內景和心境的真實寫照：

　　前一句是指這一對小「夫妻」談情說愛到永結同心的位置——從玄關發現，到環宇而行，至丹田封爐。

　　後一句是指二氣交合的時候，「有聲有色」的情景——「笙歌叢裏醉扶歸」。

　　這是以「男女」喻「神氣」喻「天人」喻「彼此」，還是比較直觀的。聽僧璨說：

　　　　能隨境滅，境逐能沉。
　　　　境由能境，能由境能。
　　　　欲知兩段，原是一空。
　　　　一空同兩，齊含萬象。
　　　　不見精粗，寧有偏黨？

　　　　　　　　　　　　　　　　　　　　　　　　　——《信心銘》

　　咬文嚼字的部分讓北海之神搞吧：

　　　　夫精粗者，期於有形者也；無形者，數之所不能分也；不可圍者，數之所不能窮也。可以言論者，物之粗也；可以致意者，物之精也。言之所不能論，意之所不能察致者，不期精粗焉。

　　　　　　　　　　　　　　　　　　　　　　　　——《莊子·秋水》

《悟真篇‧序》有一句，「追二氣於黃道，會三性於元宮」，以紫陽真人這一句，注崔真人的那一句，剛剛好：

　　兩儀合稱太極，二物歸為一體。

故在丹道周天中，環宇流佈的，雖說「二氣」，又實則「一物」。

這是傳統文化「氣一元論」在內丹道中的表現。

以崔公的境界，若把「後天氣」做呼吸去解，則全文無解。

它是「識浮沉明主客」之「客」：

「先天氣者」，他也、主也，祖氣也；「後天氣者」，指客、神、我、心。

又，「初結胎，看本命。」我知之久矣；「終脫胎，看四正。」多年不解。

及參閱：

　　火候不須時，冬至豈在子？

　　及其沐浴法，卯酉亦虛比。

　　　　　　　　　　　　　　　　　　——《金丹四百字》

　　四正理，著意參，打破玄關妙通玄。

　　子午卯酉不斷夜，早拜明師結成丹。

　　　　　　　　　　　　　　　　　　——《打坐歌》

恍然得悟，把《入藥鏡》的文學修辭手法卸掉，「脫胎」可與「沐浴」畫等號兒。

「初結胎」即得「炁」，「終脫胎」言行「炁」……

一段工夫曰「來」曰「發現」，一段工夫說「往」說「忘我」……

或問，既然說「只一味」，為什麼又反覆地論說神氣雙方？

從老子開始，他就把觀察者的位置，保留了下來，即第三方——主觀之「神」……

佛系心大，「空空如也」，它不要第三方……

「說破人須失笑。」遠了。

克勤的豔辭比起魏伯陽的廋詞隱語來，能算「謎語」嗎？

「直白」得狠呢。

　　法象莫大乎天地兮，玄溝數萬里。河鼓臨星紀兮，人民皆驚駭。
　　晷影妄前卻兮，九年被凶咎。皇上覽視之兮，王者退自改。關鍵有
　　低昂兮，害（炁）遂奔走。江淮之枯竭兮，水流注於海。天地之雌
　　雄兮，徘徊子與午。寅申陰陽祖兮，出入復終始。循斗而招搖兮，

執衡定元紀。升熬於甑山兮，炎火張設下。白虎倡導前兮，蒼液和於後。朱雀翱翔戲兮，飛揚色五彩；遭遇羅網施兮，壓之不得舉；嗷嗷聲甚悲兮，嬰兒之慕母；顛倒就湯鑊兮摧折傷毛羽。漏刻未過半兮，魚鱗狎鬣起。五色象炫耀兮，變化無常主。沸濤鼎沸馳兮，暴湧不休止。接連重疊累兮，犬牙相錯距。形似仲冬冰兮，琅玕吐鍾乳。崔嵬而雜廁兮，交積相支柱。陰陽得其配兮，淡薄而相守。青龍處房六兮，春花震東卯。白虎在昴七兮，秋芒兌西酉。朱雀在張二兮，正陽離南午。三者具來朝兮，家屬為親侶。本之但二物兮，末而為三五。三五並與一兮，都集歸二所。治之如上科兮，日數亦取甫。先白而後黃兮，赤黑達表裏。名曰第一鼎兮，食如大黍米。自然之所為兮，非有邪偽道。山澤（炁）相蒸兮，興雲而為雨，泥竭遂成塵兮，火滅化為土。若蘗染為黃兮，似藍成綠組。皮革煮成膠兮，麴蘗化為酒。同類易施工兮，非種難為巧。惟斯之妙術兮，審諦不誑語。傳於億世後兮，昭然自可考。煥若星經漢兮，昺如水宗海。思之務令熟兮，反覆視上下。千周粲彬彬兮，萬遍將可睹。

——《周易參同契·法象成功章第三十二》

《悟真篇》中有與之相對應的，但就文采而言，比起以上兩位高僧高道來，紫陽真人真的是「稍遜風騷」了：

華嶽山頭雄虎嘯，扶桑海底牝龍吟。

黃婆自解相媒合，遣作夫婦共一心。

——《悟真篇》七言絕句第三十四

金公本是東家子，送在西鄰寄體生。

認得喚來歸舍養，配將姹女作親情。

——《悟真篇》七言絕句第二十四

姹女遊行自有方，前行須短後須長。

歸來卻入黃婆舍，嫁個金翁作老郎。

——《悟真篇》七言絕句第二十五

長男乍飲西方酒，少女初開北地花。

若使青娥相見後，一時關鎖在黃家。

——《悟真篇》七言絕句第三十三

雪山一味好醍醐，傾入東陽造化爐。

若過崑崙西北去，張騫始得見麻姑。

——《悟真篇》七言絕句第五十二

在中國，丹派用夫妻、男女來比喻陰陽，我說了這是一個傳統，但是不是唯一的傳統。它似乎是修行文化的一個共性。來吧，嘗一臠肉而知一鑊之味一鼎之調：

《新娘》
與上主分離的新娘——
這渴望的靈魂啊，
她坐在織機旁，
日夜轉動著紡輪。
有塔和門的巴格達——
那身內之城崛起了
一座光明的宮殿
兀然獨立。
在輝煌燦爛的天宮，
渴望的靈魂與至愛成婚，
他，坐在王座上，
座上滿飾真知寶石。
渴望的靈魂啊，
她日夜轉動紡輪，
以思念織成精美紡線，
用愛與奉獻裁為婚紗。
我來告訴你：
那位織紗的新娘就是我，
在接到到愛人的消息時，
贈與他的禮物是成串的淚珠。
還有一位在十三世紀被蒙古人殺害的波斯蘇非阿塔爾，他的句子如何？
在寺院與酒家之間
有一條中道
去吧朋友們，

沿著它走，那就是祈禱的所在。

今天，對我來說，天房是一座寺廟，

莎姬是我的主宰，法官與我同坐。

　　　　　　　　　　　　　　　──Attar（1119～1230）

還有一位僥倖地逃脫了蒙古人追擊的蘇非阿拉比，也留下了不朽的章句：

那麼

在熱熱的正午時分，

在她的帳裏，秘密地，

我們將相會

來完整地履行許諾。

我們將展現激情

我們對彼此的感受

一如試煉的嚴酷

以及出神的痛苦

　　　　　　　　　　　　　　　──Ibn 'Arabi（1165～1240）

看基督徒，聖十字若望的句子：

子夜，點燃，

幸福的火把！

我悄然遁去，趁著夜色，

經由隱密的梯子，

我攀登到高點。

秘密地，無人知曉，

除了心中燃起的那一個外。

這嚮導，這光，耀過正午的太陽，

帶我到正在等我的那一個那裡。

結合交歡，

愛人與至愛，

合二為一。

　　　　　　　　　　　　　　　──St.John of the Cross（1542～1591）

這些都是「乾道」的偈子，那麼「坤道」呢？

仙女拉拉的「柔巴依」，我翻譯一首，你們自己拿去和真人的丹經契歌做

比較吧：

   At the end of a crazy-moon night

   The love of God rose.

   I said, "It's me, Lalla."

   The Beloved woke. We became That,

   And the lake is crystal-clear.

   子時

   神的愛來了。

   我說：是我啊，拉拉。

   愛人蘇醒

   天人合一

   晶瑩剔透

2

馬克思說過一個意思：宗教是眾生的鴉片。

呵呵，這話靠譜，在丹道的意義上說，博士有點歪打正著了。

關於多巴安的化學作用，我想不知道也罷，這樣大家還是相信愛情至少它是我們一生中比較寶貴的東西⋯⋯

同樣，關於多巴胺、內啡肽在修道上的作用我想人們不知道也罷，還是相信您已經與宇宙同體的好，相信色身消亡以後，那永恆的道體它還是可以與天同在、萬世不滅的比較好⋯⋯

這些涉及靈魂的東西，這些「終極關懷」，除了宗教，科學還真是給你了你。

忽然很多年前看過一部電影，那裡面的臺詞記憶猶新：

「你看，多麼藍的天，走過去，你可以融化在那藍天裏，一直走，不要朝兩邊看，明白嗎？」

在冥想狀態下，腦電波呈現 α 波狀態，它是意識與潛意識層面之間的橋樑——「出神入化」的通道。

同樣，什麼樣的腦電波就決定了你是在「天堂」，或者「地獄」。

相關的科學研究，有一點發現尤其值得注意：K 複合波（33～35Hz）僅僅呈短期、迸發式出現，在此情況下你可能會找到高創造力與洞察力的焦點，這個讓人容易與佛教的「明心見性」和道家的「玄關竅開」產生聯想；而當出現

超高級 β 波（35～150Hz）時，接受實驗者會有種超脫體外的感覺。呵呵，呵呵，由此牽涉到諸多宗教學名詞和古人的體驗，如「出神入化」、「元神出竅」，等等，也就有了可以想像或者解釋的餘地……

生物電現象是生命活動的基本特徵之一，各種生物均有電活動的表現，大到鯨魚，小到細菌，都有或強或弱的生物電。其實，英文細胞（cell）一詞也有電池的含義，無數的細胞就相當於一節節微型的小電池，是生物電的源泉。

人腦中有許多的神經細胞在活動著，而成電器性的變動。也就是說，有電器性的擺動存在。而這種擺動呈現在科學儀器上，看起來就像波動一樣。腦中的電器性震動我們稱之為腦波。用一句話來說明腦波的話，或許可以說它是由腦細胞所產生的生物能源，或者是腦細胞活動的節奏。對大腦來說，腦細胞就是腦內一個個「微小的發電站」。我們的腦無時無刻不在產生腦電波，腦電波是大腦皮層大量神經元的突觸後電位總和的結果。

十九世紀末，德國的生理學家漢斯柏格看到電鰻發出生物電流，認為人類身上必然有相同的現象，結果它發現了人腦中電磁波的振動。後來，藉由圖表來捕捉腦波，才得知振動的存在。由於這和人類的意識活動有某種程度的對應，因而引起許多研究者的興趣。現代科學研究用電子掃描儀檢測出，至少有四個重要的波段。撿其中的兩種說道說道：

一、「α」腦電波，其頻率為 8～12Hz（赫茲）。

當你或我的大腦處於完全放鬆的精神狀態即心神專注的時候出現的腦電波，即幼兒或成人冥想時的腦波。

二、「β」腦電波，其頻率為 14～100Hz。

這種腦電波反映的是人類在日常的清醒狀態下的腦電波。大腦在這種狀態下，進行邏輯思維、分析以及有意識的活動。還有情緒波動或焦慮不安，以及煩惱、氣憤、恐懼、惱火、緊張以及興奮，也是典型的 β 腦波狀態的反映。

因此可以說，α 腦電波、K 複合波、高級 β 波，它可以通過冥想、放鬆、深呼吸等方法，以「靜極生動」的次序獲得──「易無思也，無為也，寂然不動，感而遂通天下之故。」

至於它在神學系統中是以什麼面目、何種譬喻出現的，呵呵就不多說了，有思辯能力的同學，已經知道我想說什麼了，那還說什麼呢？

　　　　他是那個被愛撞擊的人

　　　　唱歌和跳舞走了調

他是那個披著愛的衣裳的人

從上面得到了祝福

很快當他喝了這一杯

沒有問題也沒有答案存在

他是那個被愛撞擊的人

唱歌和跳舞走了調

他心裏有著親愛的人

他被他的愛所滿溢

他不需要拘泥於形式

他只是享受著他的心醉魂迷

他是那個被愛撞擊的人

唱歌和跳舞走了調

——Bulleh Shah（1680～1757）

如果你不把它視為一個浪子情種的輕薄句子，那麼，我們繼續，乾杯：

Your love has made me dance all over.

Falling in love with you

Was supping a cup of poison.

Come, my healer, it's my final hour.

Your love has made me dance all over.

你的愛讓我翩翩起舞

愛上你

是喝了一杯毒藥

來吧，我的治癒者，這是我最後的一小時

你的愛讓我翩翩起舞

Repeating the name of the Beloved

I have become the Beloved myself.

Whom shall I call the Beloved now?

重複著親愛的人的名字

我成為親愛的人本身

如今我應該如何稱呼這個親愛的

I have been pierced by the arrow of love, what shall I do?

I can neither live, nor can I die.

Listen ye to my ceaseless outpourings,

I have peace neither by night, nor by day.

I cannot do without my Beloved even for a moment.

I have been pierced by the arrow of love, what shall I do?

The fire of separation is unceasing!

Let someone take care of my love.

How can I be saved without seeing him?

I have been pierced by the arrow of love, what shall I do?

O Bullah, I am in dire trouble!

Let someone come to help me out.

How shall I endure such torture?

I have been pierced by the arrow of love,

What shall I do?

I can neither live, nor can I die.

我已被愛之箭射穿，我該怎麼辦

我既不能生，也不能死

請聽我永不休止的傾吐

我沒有平和的時候無論黑夜與白晝

我不能沒有我的愛人哪怕片刻

我已被愛之箭射穿，我該怎麼辦

分離的火毫不停歇

讓人照顧我的愛人

看不到他我怎麼才能獲救

我已被愛之箭射穿，我該怎麼辦

哦布拉，我陷入可怕的麻煩中

讓人來把我救出吧

我怎能忍受如此的折磨

我已被愛之箭射穿，

我該怎麼辦

我既不能生，也不能死

Love springs eternal!

When I learnt the lesson of Love

I dreaded going to the mosque.

Hesitantly, I found a temple

Where they beat a thousand drums.

Love springs eternal! Come!

I am tired of reading holy books,

Fed up with prostrations good.

God is not in Mathura or Mecca.

He who finds Him is enlightened!

Love springs eternal! Come!

愛之泉永恆

當我學習愛的課程時

我夢想去到清真寺

遲疑間，我發現一間寺院

在那裡他們擊打著一千個鼓

愛之泉永恆，來吧！

我疲於閱讀聖典

也厭倦繁冗的崇拜儀式

上帝既不在馬圖拉也不在麥加

找到他的那個人會被啟發

愛之泉永恆，來吧！

I have got lost in the city of love,

I am being cleansed, withdrawing myself from my head, hands and

feet.

I have got rid of my ego, and have attained my goal.

Thus it has all ended well.

O Bullah, the Lord pervades both the worlds;

None now appears a stranger to me.

我已迷失在愛的城市中

我正被潔淨，從我的腦袋，手和腳中收回自己

我去除了自我，然後獲得我的目標
因此這都很好地結束了
哦布拉，上主遍及整個世界
現在沒有人對我來說是一個陌生人

One point contains all;
Learn about the One, forget the rest.
Forget hell and the terrible grave;
Leave the ways of sin and purify
Your heart.
That's how the argument is spun:
It's all contained in One!

Why rub your head against the earth?
What point in your vain prostration?
Your Kalimah read, makes others laugh.
You do not grasp the Lord's word!
Somewhere the truth is written down:
It's all contained in One!

Some go to the jungle in vain
And starve and cause themselves some pain;
They waste their time with all this
And come home tired, nothing gained!

Find your master and become God's slave.
In this way you'll be free of care;
Free of desire, free of worry,
And your heart truthful, pure.
Bulleh has discovered this truth alone:
It's all contained in One!
萬物歸一
學習這個一，忘記其餘的
忘記天堂和可怕的墳墓

離棄罪惡的途徑與淨化

你的心。

那就是爭論怎樣的紛紜

萬物歸一

為什麼要用你的額頭擦碰著土地

徒勞地俯伏投地又是為了怎樣的主旨

你的 KALIMAH 念頌，使別人發笑

你沒有理解神的教導

在某處真理被寫下

萬物歸一

一些人徒勞地去到叢林中

挨餓並使自己受傷

他們做這些完全浪費了自己的時間

然後疲憊地回家，一無所獲

找到你的主人和成為神的奴隸

這樣你不會再去擔心什麼

沒有欲望，沒有憂慮

然後你的心真實，純淨

布拉已經獨自發現了這個真理

3

不移一步到西天，端坐諸方在眼前。

項後有光猶是幻，雲生足下未為仙。

——《悟真篇外集·悟真性宗》絕句第四

一天四座，一座兩個小時，你打上三年了嗎？那大概要有些收穫的：

如果人，堅持不懈地，把雙腿結成麻花狀，跏趺坐了那麼久了，寶寶心裏苦哈，兩條腿基本上也就「麻木不仁」了啊。

如果每天是堅持不懈地四炷香燒完，老年癡呆症也差不多提前有了一些徵兆。

前文說過了，這裡就不說「識神」之大機大用了。

只說，紫陽真人當年是怎樣「端坐」的呢？不知道！

　　而且，知道不知道，這個不重要。我知道的是：跏趺坐來自佛教，是佛教從婆羅門教那繼承的衣缽。

　　關於佛教，旁觀者清：確實是印度教的一個「變種」。

　　舉一個例子，比如它的著名「護法」——「帝釋天」（梵文：Śakra），又稱天帝釋、帝釋，就來自婆羅門教，在成文於公元前 16 世紀到前 11 世紀的《梨俱吠陀》（Rigveda）中，已有行蹤。

　　也可說是喬達摩・悉達多，因為他個人的特殊身份，兼以「博愛」、「平等」的「超前」理念，身後的追隨者們又用一些新的名詞、概念，重新包裝了一下印度教。

　　那麼這個跏趺姿勢，大家就明白了，就是體式瑜伽的一種。

　　換言之，就是原裝的「印度貨」。

　　公元七世紀左右，大乘佛教在吸收婆羅門教咒語、宗教儀規和體式瑜伽術的基礎上，創造了一套極富神秘主義色彩的宗教實踐方式，「無上瑜伽密教」完成作俑。在《佛說秘密相經》中，甚至提到蓮華與金剛杵相合，「如是，當知彼金剛部大菩薩入蓮華部中，要如來部而作敬愛」，「由此生出一切賢聖，成就一切殊勝事業。」這是男女性器官的暗示用詞。

　　秘密大乘佛教，或稱「金剛乘」或者「密乘」。此時的印度佛教已經被（它稱之為外道法的）印度教取代了，意味著此時的原始佛教已經沒有原始意義了。相對於強調「技術」的密乘而言，人們把大乘佛教的理論部分稱之為「顯乘」。

　　由於密教和婆羅門改良後的印度教界限的混同，這就注定了佛教在印度可有可無的命運了。

　　所以，佛陀很智慧地預言，在他去世後，舊勢力仍會死灰復燃。

　　所以說「習氣難除」，不僅是對人類而言，對於人類之「文化」和「傳統」，也是如此。

　　瑜伽大概上，分為兩種：冥想與動作，冥想可以和道家的丹道，在某種意義上可以並列。而肢體瑜伽，就是一種反關節的動作而已，沒有什麼奧妙，比起中國固有的五禽戲、八段錦和太極拳而言，實在不能相提並論！現在練瑜伽的把個關節搞壞的，已經不是少數的問題了。向其他族群、國家和人們推廣自己的思想或價值觀，這是「動物界脊索動物門哺乳綱靈長目人科人屬人種」的古老習氣，無可厚非。如今在印度向全世界推廣以瑜伽為核心的印度（教）傳

統文化，如何面對它就是個問題了。某些反關節的柔韌鍛鍊，只要在適度內，對預防身體老齡化是會有所作用的，一旦過度，它造成的後果都是難以逆轉性的。而它的大多數體式，資深瑜伽師說了：「瑜伽的動作看似柔和，卻是毀傷脊柱的運動。它比踢足球、打籃球之類的激烈運動受傷幾率要大得多。」另一位的覺悟更徹底，他已經發現了這種印度文化的「反人類」的特徵：「瑜伽本身就存在非常大的錯誤，理論基礎和方法存在根本性錯誤和方向性的誤導。我如果跟會員講實話，會傷害到那些靠此吃飯的教練。那些女教練都是帶著傷病在教別人呀。如果不告訴會員，我良心上過不去。瑜伽是雙輸選擇。」想一想，當人能反關節地做出超出生理極限的姿勢時，說明了什麼？至少，韌帶的鬆緊性已經沒有了，就是說，人的韌帶，已經像沒有彈性的鬆緊帶一樣了，它失去了它的功能——「它的主要作用是來穩定關節，拮抗有的動作會導致關節超出正常範圍。」而一旦韌帶被拉得鬆弛了，那麼關節也就不能「固定」了，比如經常崴腳，關節哢吱地響，這些還都是小問題。大問題是啥？買拐或者買輪椅啊。

　　那麼這個雙盤，除了在日積月纍之後，把膝關節搞出問題，它還有什麼意義麼呢？想想，當今太極拳的大伽們換膝蓋已經蔚然成風：融入了道家思想、講究「以柔克剛」的內家拳，一旦演練過度或者架子放低，都會把膝蓋毀掉，那人把腿腳掰成麻花交叉「雙盤」起來，不必要等老年，廢掉雙腿不要急啊，「指日可待」。

　　為什麼，古代印度人恁麼地癡迷這些反關節運動呢？

　　為什麼，換言之，都是腰間盤突出，印度人就那麼突出呢？

　　因為他們一廂情願地認為這樣掰能把腰間盤突出捯飭回原位，把衰老的肢體扳回無比柔軟的赤子之原生態——古人以直覺思維面對自然的時候就是這麼簡單。但是後來的一些腦筋糊塗的盲從者，把扭曲如麻花的各種肢體pose，賦予了某種「殊勝」之義，這就是印度教的「結印」的神學本質。所以人們驚訝了，在央視節目中，「偉大瑜伽導師」——印度叫艾楊格的大伽出境時，為啥走路一瘸一拐有目共睹咧？在西方醫學家看來，老漢爺孫三代人及弟子們之中很多人的形體怪異，就是練習瑜伽後脊柱、骨盆受傷所致。他的美國法嗣布萊克據說，一次跟著艾揚格弘道，劈劈啪啪一陣響動，咦，誰在劈柴？No，是誰的肋骨連斷了三根。而他本人練得椎管狹窄而動了脊柱的大手術——他們得的，正是困擾了西方世界的「瑜伽病」。牛津大學神經生理學家裏奇·羅

素長期觀察發現，某些瑜伽姿勢是健康的年輕人中風的潛在因素，因為他發現這些姿勢在拉伸頸時，因為突破人類生理限度致使大腦損傷。同時產生的血栓、血管狹窄可對大腦造成嚴重傷害：有的人語言和思維受損，有的人長年頭痛頭暈、身體失去平衡、無法做精細動作等。想想，人類由千萬年進化而來的脊柱的四個生理彎曲，在肩倒立式、犁式等瑜伽姿勢下，迫使頸椎過度彎曲，與生理彎曲直接對抗，能不讓人感覺頭暈噁心嗎？甚至可能造成生理曲度器質性「變直」──後果不堪設想！噫，好好觀察，哪個瑜伽師傅不是一身的關節、脊柱和頸椎病？所以佛陀在世上傳法四十九年，他不教人「倒立」，他都玩過，沒有意思，沒有意義。

所以說，修行之初，把一些是非觀念搞得明明白白清清楚楚，比不問三七二十一就上座，更有意義！

地道的中國式的修煉，一是「上古有真人，提挈天地，把握陰陽，呼吸精氣，獨立守神，肌肉若一，故能壽比天地，無有終時，此其道生。」二是「南郭子綦隱機而坐。」

既然自稱禮儀之邦，中國人是很講究「坐有坐相，站有站相」的。

古代的「坐」與現代的「坐」並不一樣。在秦漢以前，「坐」的概念比較寬泛，「坐」、「踞」、「跪」、「拜」等都屬於坐的範疇，這是當時最合乎禮儀的坐姿。「坐」，又叫「安坐」、「正坐」、「跪坐」，就是賈誼為諸侯王寫的「禮儀教材」《容經》中的「經坐」。成語「正襟危坐」裏所說的「坐」，指的就是這種坐法。即「席地而坐」：以膝居地，小腿平置於地，臀部貼於腳後跟。據考證，安坐源於神靈安置受祭的特殊姿勢「屍坐」，古人「席地」是很隆重、很嚴肅的姿勢，當時的貴族或者有身份者，在公開場合都是這麼個坐法：先在地上鋪開一張大席，叫做「筵」，再在筵上鋪一張略小的席，叫做「席」。坐在主要位置上的就是「主席」，與誰絕交叫「割席」。古人在登席之前，要先脫鞋，然後跪在席上，兩膝併攏，把臀部「放」在自己的腳後跟上，這是正式場合中最恭敬的姿勢，至少在商代就已經通行，甲骨文中就有「危坐」的象形文字。更直觀的，在婦好墓中，曾出土過一個玉人，這個玉人就是標準的「危坐」姿勢。秦漢以前，除了禮儀性質的坐外，還有不少生活化的坐法，在非公開場合有箕踞、蹲踞等姿勢。

「箕踞」，則是古人最隨便的休息坐姿。《說文解字注》：箕踞乃「臀著席，而伸其腳於前。」

一次，原壤張開兩腿，坐等孔子，即「原壤夷俟」一說。據《論語·憲問》記載，孔子見到後用拐杖敲打著原壤的小腿數叨：「幼兒不孫弟，長而無述焉，老而不死，是為賊。」其大概意思是，你從小就不懂禮數，長大也是廢物一個，老了白浪費糧食，是個害人精。《史記》也有多處描寫「箕踞」，荊軻刺秦王不中，身負重傷，「倚柱而笑，箕踞而罵」。這個描寫很傳神，表示的就是我不服。

不論是「危坐」還是「跪坐」，坐久了肯定腿發麻，在非正式的場合，古人還有一些舒服的坐法。比如「倚坐」，就是臀部著地，兩腿向一側屈曲，手臂可以靠在低矮的「憑几」上。

這就是《莊子·齊物論》中，一位高士「南郭子綦隱機而坐，仰天而噓」的場景。

坐胡床的姿勢與現代人常規坐法極為相似，古人稱之為「垂足坐」，目前能看到的最早胡床坐像，見於敦煌莫高窟北魏 257 窟連坐胡床。到了隋代，隋煬帝楊廣歧視胡人，搞起「去胡運動」，凡沾「胡」字的名稱一律改掉，如大家常吃的黃瓜，名字便是從「胡瓜」改來的；胡床則易名「交床」。

在交床基礎上，唐玄宗李隆基的隨從還造出了專供其出遊巡幸時坐的「逍遙座」。此後，交床不斷改革，慢慢設計出了靠背、扶手，這便可以「倚」了，於是「椅子」出現，交床也因此改名「交椅」。明嘉靖元年尤子求所繪的《麟堂秋宴圖》中，人們坐的便是有後背的交椅。交椅，不僅改變了古人的坐法，而且至今仍在影響人們的坐姿。

五代以後，人們的坐法已基本上統一為「垂足坐」——在坐姿上，中國古人從此實現了「現代化」。

中年因中風而研修丹道的明一子張蘇辰老先生，因為身體的不便，他就是這樣坐著完成了三步工夫的。

但是傳統的坐法並沒有因為「垂足坐」的流行、普及而徹底消失，相反，還被作為一種健身、養生手段為修行人青睞，有名的《二十四節氣坐功圖》，據傳即是宋代著名的丹派領袖、「睡功」大師、道士陳摶所創，明代《遵生八箋》的作者高濂就曾積極提倡「坐功」，並輯錄出陳摶的坐功圖。從這套導引術中，觀其裏面的坐姿，其實都是很隨意的。

所以，打坐時，怎麼舒適，怎麼耐坐，你就怎麼坐。

我們探尋紫陽真人什麼樣的坐姿和中國人是怎樣坐的並不重，只是一個話題。

　　但是荒謬的理念和方法，會把學者引向萬劫不復之地：

　　我家不遠處有一個公園，每天清晨一位老太太就坐在草地中央「下神」，她就是跏趺而坐，並能和已經死去了三千年的──印度的一個練過七年瑜伽的王子「促膝談心」──那種認真的態度，真正做到了「祭神如神在」。

三十一、凡有所相　皆屬妄偽

1

儒家是社會科學研究所，關注的是人與人之間關係。道家是自然哲學研究所，關注的是人與自然之間的關係。佛家是捂著眼睛說「本來無一物何處惹塵埃」。

當人類站立起來舉首仰視之際，在「天垂象聖人則之」的探索自然之初，道家就以水為至善至柔。尤其是，在老子給孔子上課的時候，那段描述「上善若水」的文字，就成了中國傳統文化中為數不多的形象思維向抽象思維過渡的典範，儘管它與（揚棄了亞里士多德的）伽利略強調的「抽象化」和「理想化」還是具有本質的不同，但是我們仍然可以看出，老子也是最有希望走上「邏輯」之道的東方哲人，但是在強大的「慣性」下，他止步了，人們也得以在道家文化中才能強烈感受到這種「直覺」方式下的形象思維的感染力：

老子手指天上之河：「汝何不學水之大德歟？」

孔丘撓撓頭：「水……有何德？」

老子撫鬚：「水善利萬物而不爭，處眾人之所惡，此乃謙下之德也；故江海所以能為百谷王者，以其善下之，則能為百谷王。天下莫柔弱於水，而攻堅強者莫之能勝，此乃柔德也；故柔之勝剛，弱之勝強堅。因其無有，故能入於無間，由此可知不言之教、無為之益也。」

孔丘大悟：「先生此言，使我頓開茅塞也：眾人處上，水獨處下；眾人處易，水獨處險；眾人處潔，水獨處穢。所處盡人之所惡，夫誰與之爭乎？此所以為上善也」

老子點頭：「汝可教也，汝可切記：與世無爭，則天下無人能與之爭，此乃效法水德也。水幾於道：道無所不在，水無所不利，避高趨下，未嘗有所逆，善處地也；空處湛靜，深不可測，善為淵也；損而不竭，施不求報，善為仁也；圜必旋，方必折，塞必止，決必流，善守信也；洗滌群穢，平準高下，善治物也；以載則浮，以鑒則清，以攻則堅強莫能敵，善用能也；不捨晝夜，盈科後進，善待時也。故聖者隨時而行，賢者應事而變；智者無為而治，達者順天而生。汝此去後，應去驕氣於言表，除志欲於容貌。否則，人未至而聲已聞，體未至而風已動，張張揚揚，如虎行於大街，誰敢用你？」

孔丘作揖：「先生之言，出自肺腑而入弟子之心脾，弟子受益匪淺，終生難忘。弟子將遵奉不怠，以謝先生之恩。」

言畢，告辭，與南宮敬叔上了牛車，依依不捨地向魯國駛去。

如果我們換一個角度，把「人」抽去，從「上帝的」視野「看」過去，這非常詩意的水，還會有如此的詩意嗎？

土衛六是一個讓科學家癡迷的世界，在望遠鏡中那裡充斥著大片的「海洋」。然而 04 年「惠更斯」著陸土衛六的時候，人們才知道了這顆衛星天空中的雲層的形成方式和地球上空的雲層相似，不同之處僅在於地球上的雲層是由水汽凝結而成，而在土衛六上則是甲烷，雖然這是除地球外，人類已知的唯一一個有湖泊、河流和丘陵的星球，大氣中甚至帶著霧、霾和雨。就像當年人們看到「卡西尼」號發回的第一批圖像後所說的，它看起來就像英格蘭。研究人員猜測土衛六上可能存在以甲烷為生的無氧生命，如果真的存在「土衛六人」，那麼和「地球人」又會有什麼共同的語言、相似的感情呢？想想，我們的祖先從海洋登陸後體內至今循環著鹹味的血液，如果被研究者告知它來自甲烷浩渺的海洋，人們的心會糾結成什麼樣子呢？以地球人的標準來看，甲烷遍布的土衛六並不令人愉快，假設一位搭乘火箭到達這個那個星球的地球詩人，暫且不說他的那些「適者生存」的後代們，單說這第一代移民還會有「好雨知時節隨風潛入夜」的「條件反射」嗎？除了那些坐在任何星球上都和家裏感覺一樣的「聖人」。所以說，人類最偉大的思想家，他的思想也不能完全脫離他的生存環境、人性感情。在某種意義上，道家的立意比佛教的高出一頭，前者崇尚的「順其自然」和「天人合一」，無論在個人修行還是在人類社會的意義上，比起後者「本來無一物」都要貼切得多、現實得多。

總結一下道家的「抽象思維」的實質，與西方的邏輯、推理顯然有別。

　　關於形象、實象、具象，甚至想像和虛象，人們都不難理解，因為中國「字」的意義就已經表達了它們的內涵，而且我們從小到大的成長過程，就是「著相」的過程。但是現在這個「抽」字，人們難以準確地把握。那麼什麼是「抽象」呢？簡單地說，就是從有「象」之中不斷地「抽」掉「象」，以至最後達到無「象」之「相」的一個過程。而這個從「有象」到「無象」的思維過程，就是老子要「損之又損」的過程，對應著佛教的「悟後起修」和「除習氣」。

　　有以為，神仙日子就像經典中描述的一樣逍遙自在，那你就錯了，它描述的只是一部分，且看另一部分：

　　　　古之善為道者，微妙玄通，深不可識。夫唯不可識，故強為之
　　容：豫兮若冬涉川；猶兮若畏四鄰；儼兮其若客；渙兮其若凌釋；
　　敦兮其若樸；曠兮其若谷；混兮其若濁；澹兮其若海；泊兮若無止。
　　孰能濁以靜之徐清？孰能安以動之徐生？保此道者，不欲盈。夫唯
　　不盈，故能蔽而新成。

　　大意是，古時候善於修養的人，微妙通達，深刻玄遠。正因為一般人不能理解，所以只能勉強地形容一下，這個描述要附帶不少訓詁的：

　　《說文》以「象之大者」為「豫」，這種動物行動很謹慎，只有感到安全時它才會行動。豫的引申意思就是小心謹慎了，就像豫在冬天要過河一樣，河上未結冰，它們不知深淺不敢貿然過河；河上結了冰但不知厚薄，它們踏著冰過河時還是小心翼翼。《爾雅·釋獸》說「猶如麂，善登木」。指「猶」長的跟獐麂大小，跟猴子一樣善於在樹木上攀爬跳竄。黃元吉《道德經講義》中還稱「猶」這種動物喜歡夜行，而且選擇沒有風的情況下才行動。可見猶是一種膽子很小的動物，行動時深恐不安全，疑心大，選擇夜出和無風都是為了保障絕對安全。正是「猶」和「豫」的這種生性，後人便將做事思前想後稱為「猶豫」。這裡形容修道者的謹言慎行、「一塵不染」。他待人接物是那樣的謙和，好像是到別人家做客，生怕有不禮貌的地方，用紫陽真人的話就是「饒他為主我為賓」。然後，才迎來了春江水暖，堅冰融化，似乎沒有不能平靜的心和不能釋懷的事了。這樣的人啊，他純樸厚道，好像沒有經過加工的原料；他曠遠豁達啊，好像深幽的山谷；他渾厚寬容，好像不清的濁水。誰能使渾濁安靜下來，慢慢澄清？誰能使安靜變動起來，慢慢顯出活潑潑的生機？保持這個「自然」的人，他從不為之自滿。正因為他從不自滿，所以能夠推陳出新、生生不息。

春有百花秋有月，夏有涼風冬有雪。

莫將閒事掛心頭，便是人間好時節。

這首詩有兩個版本，後面一首才算是進入了自由境界：

春有百花秋有月，夏有涼風冬有雪。

若無閒事掛心頭，便是人間好時節。

2

《月輪》

心中有一輪月，但我看不見。

豈止月，還有日。

身內有一面鼓，不擊自響，可惜，我同樣地也聽不見。

只要還在憂慮，財產的歸屬，與何時將死，

祂的工作就尚未開工。

人類，這自我的動物，

當自戀和類似品質死去，至尊的活計就完工了，

真理來臨，課程結束。

像開花是為了結果，

有了果實，花瓣即落。

麝香就在鹿的身中，

但鹿，渾然無知，

它還在草叢中搜尋。

《祂在裏面》

當我聽見魚在水中喊渴，我笑了。

人類漫無目的地向前走，

就像麋鹿從一個草叢到另一個草叢中，

不停歇地找尋就在它腹中的麝香。

無論你是去迦而卡特還是西藏，

只要你還未發現自己的靈魂駐所，

世界對你而言就從未顯示過真相。

所有三個世界的人類，

全都迷失於妄念中，成為頭腦的奴隸，

祂在裏面，但人們卻認為

在外面。

哦──荒謬極了。

《該拿世界如何》

朋友，請告訴我，

該拿世界如何？

我一邊抓住它，

一邊試著掙脫。

我放棄美服，改穿粗袍。

但為了形象，仍將它優雅地披著。

我消滅了對異性的遐想，又發現無明業火。

我擺脫憤怒，卻發現整天都在妄想。

我努力地化解妄想，但仍然愛慕虛榮。

當心智擺脫了幻境，它還迷戀著文字。

卡比爾說：朋友，請聽我說，大道何其難修。

《心智還沒剃》

你的心都還沒剃，

為何就剃光你的頭？

心是腦袋的主宰，

光剃頭無用。

　　　　　　　　　　　　　　　　──Kabir（1398～1518）

　　人類有機體接受三種食物：一般我們吃的食物、我們呼吸的空氣、我們的印象。

　　人由兩個部分組成：本質和個性。本質是一個人「自己所有」的東西，個性則是「不是自己」的東西。「不是自己」意指從外面來的，人所學習的或反映的，是所有留在記憶或感覺中外在印象的痕跡，所有學過的字詞和動作，以及所有模仿而來的情感，所以這些都「不是自己的」，這些都是個性。

　　人不知道「真我」，他是一部機器，每件有關他的事情都是自行發生的。他不能停止思想流動，也不能控制他的想像、情緒和注意

力。他活在一個「我愛、我不愛;我喜歡、我不喜歡;我想要、我不
想要」的主觀世界中,是他認為他喜歡,是他認為他不喜歡;是他
認為他想要,是他認為他不想要。他看不到真實的世界,真實世界
藏在想像之牆後面。他活在睡夢中,睡著了。所謂的「睡醒了」依
然是睡覺狀態,而且遠比晚上睡在床上來得危險。

　　人是一部機器。所有他的作為、行動、話語、思想、感覺、信
念、意見和習慣。都是外在影響的結果。從他自己本身產生不了一
個思想、一個行動。他的所言、所行、所思、所感,一切的一切,都
是發生的(即「後天」的)。人不能發現或發明任何東西。那一切都
是發生的。

　　在一般情況下我們每一刻都在死去,外在環境一變,我們也跟
著變,亦即有許多「我群」死去。如果一個人修煉出一個永久的我,
能抵抗外在環境的變化,它就能活過肉體的死亡(「長生久視」)。

──Gurdjieff(1866～1949)

　　生物的神經系統是一個極其複雜而又精細的系統,它是以什麼活動方式
保持著機體的完整統一和有效地實現有機體與環境的平衡呢?

　　發展心理學和生理心理學的研究都表明,人的各種行為的生理反應主要
是神經反射。神經反射又可以簡單地歸納為兩種:非條件反射和條件反射。

　　非條件反射的神經通路是先天固定的,它由中樞神經系統的低級部位實
現,但受大腦皮層的調節。由非條件反射構成的行為鏈鎖叫本能行為,非條件
反射是有機體出生後生存和發展的基礎,也是條件反射的基礎。

　　條件反射是後天獲得的經學習才會的反射,是後天學習、積累「經驗」的
反射活動。我們後天參與學習和培訓的琴棋書畫,「君子六藝」、社交禮儀,沒
有一樣不是通過條件反射而根植於吾人靈魂內的。

　　條件反射提高了動物對環境的適應能力,大腦越發達的動物,所建立的條
件反射也就越複雜。比如人類的頭腦──這個由蛋白質、脂肪和碳水化合物組
建起來的平臺上的條件反射──數不勝數。或者說,就生命體而言,這一顆充
滿神秘的──腦袋來說,從某種意義上說,就是充斥著無數的條件反射的蛋白
質、脂肪和碳水化合物等等組成的感應平臺。西方心理學者有一個名詞
Conditioned Powerlessness,很貼切,它基本上概括了人類的行為模式,和生存
狀態的本質,人生基本上就是這樣的一個過程──對「條件反射的無能為力」。

對了，所以老子才感慨「絕學無憂」。人們從識字學習開始，就淪為了它的奴隸，這就是「被束縛」，這就是「性情中人」，這就是俗話說的「鬧情緒」──實質就是被「情緒」鬧騰著，就是元音老人說的「翻種子」。

中國道醫、丹派的後天說，從某種意義上說，和俄國巴普洛夫說的條件反射頗為有緣。

如果低級的非條件反射是我們可以稱為「本能」的東西，那麼在後天學習中逐步形成的高級條件反射，就是浸染、就是著相！

佛教思想家將「其然」分析得非常細緻，說眾生天生的根性就喜歡循名執相。

那麼，「其所以然」呢？高級條件反射「其所以」形成，其實是生物（眾生）生存的、不可或缺的需要。離開了這個（後天之命），一切都將不存在！

你還認為識神真的是「一無所用」的累贅嗎？！

修行是要它退位，要它順從，要它歸正，是要馴服「牛魔君」的「野性」，以便駕馭，而不是屠宰，不是紅燒。

鄔斯賓斯基這樣評價他老師的「第四道」：

與其說是知識體系，還不如說它是一種思考體系。它告訴我們如何做不同的思考，「做不同的思考」是什麼意思，做不同的思考意指在不同的範疇中思考。思想、觀念、信念、意見，這些全是學來的，這些東西並不是天生的。假定在你的個性中你得到某個結論，而且你由觀察發現自己有某個最重要的習慣，姑且說，有某種不愉快的情感，它總是在某種情況下發生。你心裏明白，這種情感毫無用處又浪費精力，且使你的生活徒增困擾。你如何對抗它呢？你發現，這種負面狀態依靠「為自己辯護」而存在；你又發現，依照平常的習慣，你總是為它辯護，並且認為這是別人的過失所致，或是說你不是真心這麼想，或是說人們不瞭解你，或其他類似的想法。這就認可了這種情感的存在。如果你改變觀點，如果你不再為它辯護而是反思「我」是錯的！那麼，新的觀念就萌生了。有兩個重點人們要特別注意：第一點是關於意識（「先天」）──我們沒有意識，以及我們能夠修成意識。第二點是「負面情緒」這觀念和狀態，全是束縛的表現。我們必須明白，我們可以努力對付它們，直到它們被克服殆盡（「損之又損以至於無為」）。

Habits that blind the psyche throw dust in the eyes of our guides.

No need to honor a pretty thief.

Keep his hands tied, or he will tie yours.

——Rumi（1207～1273）

那位俄羅斯學究的思考總結，實在不如這位波斯托缽僧的語言風趣和形象，意譯一下魯米的話：

習慣使心智失去判斷力，

它向我們的眼睛揚塵。

不需要尊敬那個狡猾賊，

把他捆牢，否則他就行竊。

這位被黑格爾、柯勒律支、歌德、倫伯朗，甚至異教的（教皇）約翰二十二世等人點贊的、「穿著羊毛粗袍」周遊世界的托缽僧還有一首「柔巴依」：

O seeker, Listen to your heart's yearning— Don't sleep!

探索者啊，傾聽你的心聲——，

不要睡覺！

You have spent a thousand nights in the cradle of sleep— I ask for one night. For the sake of the Friend, Don't sleep! The Loving Witness never sleeps by night, Follow His ways: Give yourself to Him— Don't sleep!

你已經在搖籃裏睡了一千個夜晚——，我只要求一個晚上。為了摯友，不要睡覺！愛的見證人從不在晚上睡覺，跟隨祂的路：把你自己交給祂——，

不要睡覺！

Beware of the woeful night, When you cry out in agony: —O God— Don't sleep! That night when Death comes to welcome you— By the dread of that night, O weary one, Don't sleep! Even stones will cry when bound by the weight of those chains. You are not a stone. Remember those chains— Don't sleep!

小心末日之夜，當你痛苦哀嚎：「神啊」——，

不要睡覺！那天晚上當死亡前來歡迎你——，那是多可怖的夜晚，精疲力盡的你啊，不要睡覺！被那麼重的鎖鏈捆綁，就算是石頭也會哀嚎。你不是一顆石頭，不要忘記那些鎖鏈——，

不要睡覺！

Though the night tempts you like a beautiful maiden, do not drink from her cup. Fear the morning after— Don't sleep!

雖然夜晚像一個美麗的女人誘惑你，也不要飲用她的杯子。小心宿醉的後果——，

不要睡覺！

God says, —My dear ones will stay up with me at night.

If you hear these words, Don't sleep!

神說：「晚上我的愛人會陪我不睡。」如果你聽到這些話語，不要睡覺！

Fear that horrible night when no refuge can be found. Store up your provisions tonight! Beware! Don't sleep!

當找不到避難所時要小心那可怕的夜晚。今晚就要儲存你的糧食！小心警覺！不要睡覺！

The saints find their treasure when the world is asleep; For the sake of ever-giving love, Don't sleep!

聖人在世界入睡時尋找他們的珍寶；為了永遠不斷付出的愛，不要睡覺！

When your spirit is old and worn He will give you a new one, Then you will become the pure spirit of all. O hopeful one, Don't sleep!

當你的精神衰老疲倦，祂會給你一副新的，然後你將煥然一新。懷抱希望的你啊，不要睡覺！

I have told you again and again— go to that inner silence! But still you do not hear me.Give me one night And I will give you a thousand in return— Don't sleep!

我已經一而再再而三告訴過你——，到那內在寂靜的地方去！但你依舊聽不到我。

這一個晚上給我，我會還你一千個——，

不要睡覺！

這些「整夜不眠」的人，是患了嚴重的植物性神經紊亂？

還是在做什麼？你要是以為他在教你佛教的「打七」，那就大謬了。

佛祖最初修婆羅門教的苦行時，差點餓死！

　　同樣，「打七」打出了比植物性神經紊亂還嚴重的——精神分裂的——也不是個案，呵呵，呵呵。

　　於他在寓意什麼，明白的一看就知，詩歌既然擱在這一章節了，聯繫主題，還沒有聽明白的人，那就「不要睡覺」，翻來覆去地，你去悟吧：

If you stay awake

For an entire night

Watch out for a treasure

Trying to arrive

如果你整夜不眠

那就要密切注意

有份財寶

正在到達

You can keep warm

By the secret sun of the night

Keeping your eyes open

For the softness of dawn

你會感受溫暖

在藏身於深夜的太陽附近

為了黎明的覺醒

記住「機在目」

Try it for tonight

Challenge your sleepy eyes

Do not lay your head down

Wait for heavenly alms

今晚試試看

挑戰你的昏沉

不要垂下你的頭

等待天堂的施捨

Night is the bringer of gifts

Moses went on a ten year journey

During a single night

Invited by a tree

To watch the fire and light

子時是禮物的饋贈者

摩西踏上十年之旅

在一個深夜

在荊棘樹上

看到了火與光

Mohammed too made his passage

During that holy night

When he heard the glorious voice

When he ascended to the sky

穆罕默德也有他獨特的經歷

在神聖的夜晚

當他聽到莊嚴的聲音

當他升上天空

Day is to make a living

Night is only for love

Commoners sleep fast

Lovers whisper to God all night

白天是用來謀生的

夜晚屬於愛

平常人早早入睡

而愛者整夜向神低語

All night long

A voice calls upon you

To wake up

In the precious hours

一整夜

有個聲音一直在呼喚你

覺醒

在這難得之際

If you miss

Your chance now

Your soul will lament

When your body is left behind

如果你錯過

這個時機

你的靈魂將悲痛

在她離開你的肉體時

參悟不透？換幾首陳摶老祖的，繼續：

常人無所重，惟睡乃為重。

舉世皆為息，魂離神不動。

覺來無所知，貪求心愈動。

堪笑塵中人，不知夢是夢。

至人本無夢，其夢本遊仙。

真人本無睡，睡則浮雲煙。

爐裏近為藥，壺中別有天。

欲知睡夢裏，人間第一玄。

——《勵睡詩》

我謂浮榮真是幻，醉來捨轡謁高公。

因聆玄論冥冥理，轉覺塵寰一夢中。

——《石刻詩》

《莊子・大宗師》：「古之真人，其寢不夢。」玄學名家修道嗎？好一個「神定」，怎麼注得這麼好呢：「其寢不夢，神定也，所謂至人無夢是也。」白話一下就是，至德之人遠離了顛倒妄想，故曰「無夢」，與睡眠之夢，根本無涉哎。同學尋仙訪道時，可以拿這個考試你師傅的，讓他講講「至人本無夢」，呵呵。

佛系內部也有爭論，佛陀是否做夢？

說有者舉例，《大毗婆沙論》中有佛原話：「我極熱時，為解食悶，亦暫睡眠。」

說無者舉例，《佛垂般涅槃略說教誡經》中佛陀教誨：「無以睡眠因緣，令一生空過無所得，當念無常之火燒諸世間，早求自度，勿睡眠也。」《雜阿含經》：「多聞聖弟子作如是學：睡眠者是愚癡活、癡命，無果、無利、無福，我當不眠，亦不起覺想，起想者生於纏縛、諍訟，令多人非義饒益，不得安樂。」

其實，這個問題，這就像問佛陀吃飯飯不。我告訴你，佛陀是一定要吃飯飯的，佛書有確鑿記載，當初他向印度教師傅學習不吃飯的技術，險些送命。

那麼，這就要看對「睡眠」的理解了。這裡的睡眠除了生理學意義之外，更多的是指向了「禪修五障蓋」中的「昏沉睡眠蓋」。

> 云何昏沉睡眠蓋？謂身重性，心重性，身無堪任性，心無堪任性，身昏沉性，心昏沉性，憒瞢憒悶，總名昏沉，染污心品。所有眠夢，不能任持，心昧略性，總名睡眠，如是所說。昏沉睡眠，覆心蔽心。乃至裹心蓋心，故名為蓋。蓋即昏沉睡眠，故名昏沉睡眠蓋。
>
> ——《法蘊足論》

簡而言之，睡眠者，意識昏沉，五情暗冥，眾生以此睡眠覆蓋心識，令禪定善法不能發生，故名睡眠蓋。

於怎樣把這個「蓋頭」揭開，至於揭開「蓋頭」後的情形如何，自己去經書中翻，去座上悟吧。

至於佛陀是否睡覺覺，你猜。

猜不到，聽一位老和尚的說法：「饑來吃飯，困來即眠。」

聽不懂，去原始經典《長阿含經》中，看生活中的佛陀，他日常是怎麼教弟子安排「六時」作息的：

> 又於晝日，若行若坐，常念一心，除眾陰蓋；彼於初夜，若行若坐，常念一心，除眾陰蓋；乃至中夜，偃右脅而臥，念當時起，係想在明，心無錯亂；至於後夜，便起思維，若行若坐，常念一心，除眾陰蓋。

古印度分一晝夜為六時，晨朝、日中、日沒三時為晝，初夜、中夜、後夜三時為夜。晝三時夜三時合謂「晝夜六時」，俗話說「六時吉祥」。

中夜時分，對應著格林威治時間晚上的十點到兩點，佛曰，不早了都，洗洗睡吧。

3

人們生下來就是一個不斷著相的過程：

「叫媽媽，媽媽在這兒。」

「乖，叫爸爸。」

於是人們認識了這兩位是老爸老媽。

著相的最高境界就是「我爸是××」！

這是病，得治。

在學校，老師每日不休地教誨著：「同學們，要好好想一想！

「好好想一想」——這些從小學就開始，被人們念書念到博士後或者說到咽下最後一口氣還不能停止的「思想」——就是後來充滿了我們頭腦的——（高級）條件反射。

包括人工智慧，它之所以會在人群中，發現嫌疑人或傳染源，機器人先要效法人腦的「取相」，然後分析、確定。

這是現在人們造出來的機器人的第一步，它們都要先識別、先照相。不先做觀察形象，它如何去區別萬物？對它進行分析研究？操作運用？機器人的識別系統，它是法於人（腦）的。

人的大腦就是這樣，為了生存，人們從小就要在大腦中主動地或被動地建立諸相。所以現代的孩子真心難：琴棋書畫要無所不識……

還有從諸相中抽（去）象後得到了的文字，然後邏輯、思維，「好好想一想」……

在這個基礎上，人類對萬象有了瞭解。

對萬象的認識，由淺層次的接觸、區別，到整理後交給大腦的「後臺」，就行形成了下意識、形成了條件反射，這就是素質的形成。所以人說「三歲看大八歲看老。」

人類最初主要工作是認識萬象，積累經驗，然後探索萬象之間的聯繫。最高的目的就是探索萬象的本體、起源。比如牛頓的前半生與後半生。

「著相」語出佛系，也謂掛礙、貪著、沉迷，等等、等等。換成現代術語多了：心繫、惦念、難忘，等等、等等。

無論佛教的諸相非相，還是道家的先天學說，都一樣地要求修行人勸導修行人，不要著相、不能著相。

事實上是，人腦裏除了蛋白質碳水化合物等等外，滿滿的全是諸相，人們

不以諸相來展開思想，思想就無從展開。

無論萬象，還是語言、文字，都屬於相。人們必須借助諸相，進行想像、描述，和邏輯、思維。這裡就有了一個悖論。

就連神經系統的衝動，那個無相之相──先天一氣，人們還得借助人們所謂的虛假之相才好表達，才好描述：

如「炁沉丹田」之時，丹派曰黃芽白雪；佛謂天花亂墜、醍醐灌頂。無不以相喻言、籍相解說。

人類以自然界的虛假之相，來轉述身心內的真實相，是修行文化的必然手法。《易》曰「立象以盡意」。

因為人類不可能借用他們的肉眼從未見過的東西。你看上帝的造型，包括一個進食孔一個排泄孔，與凡夫俗子也如出一轍。佛系的三頭六臂是想像力的極致了，九頭鳥固然很美很仙，但是一個人脖子上再多出些人頭來，就不美不神了，會引起密集恐懼症。

道生一、二、三，三生萬物，萬物皆有其相，是謂萬象。《易》曰「觀物取象」《易》曰「天垂象聖人則之」佛說「凡所有相皆是虛妄」。

佛教在心理學上，揭示了人類的一個精神特徵：攀援、著相。

所以「人之初」的大部分工作，都是在「識相」：哦，板藍根君；哦，雙黃連君；哦可以對付非典君……

古人在辨別了種種的相後，依據這些識辯而獲得安全。

並也從諸相中發掘真理，提煉思想。例如陰陽理論，就是從諸相中的天地之象、男女有別中發現的。

五行說也如此，大有可能與一個手掌上有五根指頭有關。但是後來元素週期表出來之後，五行說和四大說，也就不攻自破了。但是我們的先人已經用了很久了，他們很多的世界觀和方法論，已經約定俗成地，被用來解釋了很多的道理，並用這些古老的語言、符號系統，向後代傳遞──前人無數的經驗、很多的思想的載體，後人總得先識相，再揚棄吧。

直到人們找到科學這個模式，來解釋諸相後面的真實原因，這可謂是思想史上的一個轉折、一次質變──人類邁進了現代的門檻。

同時，人們又被科學綁架了：

當未來人到遙遠的地方時，人們大腦裏儲存的對地球數百萬年的詩情畫意、諸相非相，在那裡找不到對應了啊。

未來人舉首向天，那裡也許可能也有流星雨，但主要還是，啊，下起了甲烷雨，未來人心中是個什麼滋味：「好雨知時節」？還是「我真的很難」？畢竟這在地球上們根本就是「酸雨」就是滅頂之災。

人類現在著了科學之相，實在是更難破除了，所以，現代人啊，要知道惜福，「下手速修猶為遲」。

趁著時下，科學已經開啟了我們的思想，而科技還沒有弄斷人們的頸椎時。

人（或人類）的進化過程就是著相過程，修行人的修煉是在破相。

所謂倒行、所謂逆施、所謂顛倒。

把頭腦中的諸相一一揭去，直到最後的無相之相，直到「覺一切相，悟一切本。」老子曰「物之初」。哪位理學家說過什麼話來？冬季荒涼的山巒才是真景。

> 流水下山非有意，片雲歸洞本無心。
> 人生若得如雲水，鐵樹開花遍界春。
>
> ——宋·此庵守淨

何謂一切相？就是總相、全提、本相、實相，就是諸相非相。

何為一切本？就是根本、本體、本質。

> 是幻覺的面紗，把你與祂隔開。
> 一旦撕裂面紗，你赫然發現
> 噢！我的主，祂在內室。
>
> ——Kabir（1398～1518）

> 不用盲從。
> 根本不用出遊，
> 從你的臉上扯下面紗！
>
> ——Sachal Sarmast（1739～1829）

修行中的破相，扯下臉上的面紗，不是你想一下，劃拉一下手臂，諸相它就落地了，如玻璃心般地破碎了；面紗它就落地了，露出了真人。

世上常有法師佈道說，在假相上做工夫則一事無成。野語道，修行一定是在假相上展開的，而它的結果——「見諸相非相」，就是人們耳熟能詳的「弄假成真」，就是眾所皆知的「真人不露相，露相不真人。」僧曰「山僧一衲衣，展似眾人見。雲水清兩條，莫教露針線。」

　　臨爐下功之際，恍惚中有象，杳冥內有精，一點真靈之光，從虛無中透出，似有似無，非色非空，景象現前，此大藥發生之時也。

　　一點微陽吐露，比人之虛室生白，真靈發現，復見本來面目矣。這個本來面目，即我本來不死之真人，有此人則為人，無此人則非人，乃我之秉受於天，而得以為人者是也。但此真人不輕現露，非可常見，當虛極靜篤、萬緣俱寂之時，恍惚有象。

——《無根樹詞注解》

　　「眾生無始習氣為油入面，牢不可破，苟折情不痛，未易調伏也。」

　　修煉的過程就是破與立的過程，在玉液還丹的階段，出現了質變。

　　腹腦與頭腦的此番互動，如「泥石流」一般，洶湧而下，導致諸相的根基整個地鬆動了。

　　下面就好辦了，因為你有把握了啊：

　　元神推著河車兒，穿越內經隧道，一筐一筐地挖啊。

　　從你的（後天的）精神的世界裏面，把諸相的渣滓（識神）往外掏吧，直到掏到「虛空」為止。《壇經》云「外離相為禪，內不亂為定。」

　　這就是修煉。主席曰「可上九天攬月，可下五洋捉鱉。」

　　尤其是，包括「先天一炁」這個神經衝動，也是「腹腦」對「頭腦」a 波狀態——即靜篤即恍兮惚兮——的一個高級條件反射，這個條件反射對人類的「情緒反射」弧很治療！它一經建立，慢慢就會取代後者形成一種「常態化」，內丹學派稱之為「一得永得」，並把從「衝動」程度上的不同分為「小藥」、「大藥」。

　　得了小藥，「太上忘情」即得之半矣。

　　在高級條件反射皮層的下面，就是榮格根據他的朋友——一位到中國傳教然而卻被道化了的基督徒衛理賢帶回的《太乙金華宗旨》（《金色之花的奧義》）——發現的「潛意識」，中國內丹學派稱之謂「元神」的部分「組件」。

　　說到榮格，有一本書很有必要提一提。

　　這是內丹學派中十分重要的一部經典，這部秘典之所以聞名於世，與 19 世紀末從德國來了個基督新教徒衛理賢有關。

　　衛禮賢是一位譽滿全球的漢學家，《周易》就是他首次翻譯給西方世界的。他自一八九九年在青島傳教，留居達二十餘年之久，後被北京大學聘為教授。一九二四年回國，任法蘭克福大學名譽教授，創辦「中國學院」、《中學雜誌》。

在青島期間，衛禮賢考察了嶗山太清宮，和應該是和在廟的道爺切磋之際，接觸了丹道。具體是哪位道爺拿出了《太乙金華宗旨》給他講解，這個已經搞不清楚了，結果是無疑的，基督教傳教士當時就給跪了，一門心思跟著全真教的老道學習丹道了。

21 年後，衛禮賢帶著嶗山取到的真經，回了德國，埋頭把《太乙金華宗旨》這部經翻譯成德文和英文，西洋名字《the secret of golden flower》，意思是《金色花的奧義》。此後這部經還被翻譯成了法文、意大利文、日文、朝文等多種文字。

之所以叫金色花的奧義，衛禮賢在書中說得明白。他在書中提到修煉有成者能看見眼前出現一幅幅奇妙的、閃光的圖案，他說這個奇妙的光圖就是曼陀羅。這種現象是，修煉人的眼前天目穴處會出現一個明亮的、奇妙的圖案，修行到一定程度的人才能見到自己的曼陀羅，這能反映自己與宇宙及生命的信息感應的情況，這其實就是《宗旨》所說的，回光則有「金華乍吐」、「金華正放」、「金華大凝」的不同層次。

真正使這部曾經秘藏的經書名聲大振的，就是卡爾‧榮格。

榮格是世界近現代史上一位十分偉大的心理學，精神分析學大師。其師從瑞士的布洛伊爾，後於「精神分析學之父」弗洛伊德一起開創了精神分析學。但後來，兩者在學術上，產生了巨大分歧。榮格跳出了弗洛伊德對夢的定義，重新提出了集體潛意識理論和邁爾斯-布里格斯性格分類法，是整個心理學的鼻祖。

榮格的父親是一位神父，但榮格從小在參加基督教的宗教儀式時毫無感覺，於是對基督產生了質疑，後來在一次夢到教堂被上帝的大便壓塌了之後，榮格對基督教再也沒有神聖感了。據其後來回憶說，那一段時間，榮格被鬼魅纏身，後來生命垂危。就在這時，應了中國諺語「無巧不成書」，他的好友剛剛回國，就是在中國學道 21 年的老衛同學。老衛聽說後，立馬趕來做了法事，三下五除二除了鬼魅。榮格很好奇，衛禮賢就把很多道教的東西告訴給了榮格，並特別提到了《太乙金華宗旨》。榮格後來反覆鑽研，受益匪淺，提出了和弗洛伊德不同的理論，成為了現代精神分析領域一項重要發現。而《太乙金華宗旨》的奧妙也由此為西方所知。

研究表明，現代心理學上所謂的「陰暗心理」、「負面情緒」，也可以歸納於「潛意識」。

「所有罪惡的念頭我都有過，我只是沒去做。」這話誰說的？歌德。

我們之所以會有負面情緒，是因為我們允許它們存在，認為是理所當然的。用外因來解釋，這樣我們就不會為改變它們而耗費精力的。為什麼我們允許它們存在？習慣！習以為常！甚至沒有它們就睡不著覺：

> One thing alone is certain, that man's slavery grows and increases. Man is becoming a willing slave. He no longer needs chains. He begins to grow fond of his slavery, to be proud of it. And this is the most terrible thing that can happen to a man. -Gurdjieff

「第四道」的祖師爺說得很幽默：

> 這是確信無疑的，人隨著被奴役地強化，就變成了俯首的奴隸。
>
> 不需要再使用枷鎖，人們已經開始喜歡了奴隸制，並為它而驕傲。
>
> 人生之最可怕的事就這樣發生了。

心理學家向社會釋放的信息是，包括負面情緒在內的陰暗心理是一種心理常態，不是心理疾病。客觀地說，這是人性的缺陷，真正一絲半點陰暗心理都沒有的人根本不存在，否則我們還修什麼呢？例如，妒忌心理、復仇心理，都是人類情感的陰暗面。但是當它超越了一定的度數，發展下去有可能導致精神分裂。實際上陰暗心理其實已兼備了自閉症、強迫症（特別是「強迫思維」）、精神分裂症等神經官能症的初步特徵。就普通人而言，陰暗心理的自感自覺並不是非常敏銳，相反，那些「沒有」陰暗心理的人，一個可以完全地、自由地表達真情實意的人，在這個由條條框框及道德觀念構築起來的人類的社會中，很難想像他能怎麼做人、活人？

現代心理學傾向於這樣一種觀點，即陰暗心理有其基因基礎，即主要來源於遺傳，是「與生俱來」的！就是說，它具有「物質性」——在這個層面上，佛教說的「法力不敵業力」就比較容易理解了。

有趣的是，多數人能洞悉別人的陰暗心理，對自己的陰暗心理卻感覺缺失或從不關注。幾乎沒有人會內省過自己的陰暗心理，哪怕是都「暗無天日」的人也常常是為自己開脫不已。正是如此，長期擱置於人性層面的陰暗心理，會深深蟄伏於心深處，即「下意識」中，等待著來自外界的觸發。所以，老修行總是教導人們，要學習《反省你自己》：

> 你已經學會了那麼多，
>
> 也讀了一千本書。

你可曾讀過你自己？

你已去過寺院與神廟。

你可曾拜訪過你的靈魂？

你忙著打擊撒旦。

你可曾打擊你的

惡意？

你已到達天空，

但你卻觸不到

你心裏的東西！

——Bulleh Shah（1680～1757）

　　我們可以觀察自然，動物沒有「陰暗心理」，舉個例子，老虎以其「天性」捕食，但它不會給獵物上「老虎凳」、灌辣椒水。當然動物也沒有「惻隱之心」，它們一生只在為生存和繁衍而活著。而人類進化到「活著不是為了吃」的精神境界之「豐富多彩」，是物種進化的一個獨特現象。當然，它也能「退化」，退化到「為腹不為目」的修煉的本質，就是精神世界的一個「退化」，內丹學派謂之「返本」、「還原」，比較優雅的措辭就是「返璞歸真」。這需要付出很多的努力，用句行話說就是要下大工夫。「在起始階段，要付出雙重的努力：研究以及不表達它們。你若表達它們，就無法研究它們。你若設法停止表達，你就看見並研究它們。」在鄔斯賓斯基的語境中，「研究」就是「止觀」，「表達」就是「被控」，「觀察自己從觀察注意力開始。只要專心於某個事物上，想像就停止了。」與佛教中那句「念起是病，不續是藥。不怕念起，只怕覺遲」異曲同工。

　　根本就沒有進步這檔事，一切都一樣，正如數千年、數萬年之前，外在形式改變了，本質沒變，人還是一樣。「文明人」與「文化人」和最無知的野蠻人有著完全一樣的興趣，現代文明建基於暴力與奴役以及美麗的詞藻，但所有這些關於「進步」與「文明」的美麗詞藻，都只是詞藻而已。

　　葛吉夫對「人性」具有深刻的「人性」洞見力，呵呵，一般來說，貼有宗教標籤的人物，多少都有些反對現代「文明」的傾向。

　　這裡，我們看看生物學家的一個發現，關於人類身體的退化的發現，很有趣味：

　　數千年來一直生活在印尼一座偏僻的小島上的霍比人，可能是由完全直

立行走的第一批人類進化而來的。這種人的大腦比任何人種都要小，甚至不及黑猩猩的腦容量，像柚子大小的顱骨裏的大腦和一個橘子一般大，身高不過現代 3 歲兒童，體重只有大約 25 公斤。

人類進化史的常識是：最早用兩條腿直立行走的人類，200 萬年前由非洲的原始人進化而來，至少在 150 萬年前，直立人就生活在爪哇島附近。考古記錄顯示，他們的足跡遍布亞洲，從土耳其到中國都有他們的身影。直立人比我們（智人）的體型稍微更大，更加有力，但是腦子沒有我們複雜。

地理學顯示，弗洛里斯島這座 354 公里長的小島，從未通過陸橋與亞洲或者澳大利亞連接在一起。即使是在海平面較低的時候，從這裡去往其他地方應該也需要跨越長達二十公里的一段海面，可能是乘坐原始船隻或者木筏。研究人員推測，直立人是從附近的爪哇島來到弗洛里斯島，在大約 4000 年前他們開始把猴子、豬和狗等動物運輸到該島上以前，只有劍齒象（已經滅絕的大象的祖先）和齧齒動物這些陸生哺乳動物能夠抵達該島，前者是通過游泳來到這裡，後者是搭乘漂浮物。由於這座小島上沒有食人獸，也就是說這種體型嬌小的人類生存無憂，不需要更大的大腦。研究人員認為，這種人可能經歷了「神經功能重組」，不管大腦的大小有何變化，腦功能都會大致保持原樣。一座小島由於食物匱乏，體型龐大、需要大量卡路里的身體就會變成對生存不利的條件。比如，在亞洲主大陸，劍齒象有時長的比非洲象還要大，但是在弗洛里斯島上，它們的體型只比現在的水牛稍微大一些。

這些生物現象，在人類身上也發生了，並與一些正統的進化論思想發生了「碰撞」：當身材魁梧的爪哇直立人遷移到這座與世隔絕的小島上後，並在島嶼矮態的影響下，進化成身材矮小的霍比人。人類進化的最大特點是大腦和體型不斷增大，但是霍比人表明，這些人類特徵是能隨機變化的。在一些特定環境下，這些特徵或許能向相反方向演變。

這就給予我們一個啟示，或許，人類的精神世界也存在著「用進廢退」這種現象，比如，「思維」、「邏輯」等等「後天」之物。

於是修行人，一個在長期的沉思冥想中，在「忽然之間」降低了「識神體系」——即由諸多或低級的或高級的條件反射——對身心的掌控之際，那麼，陰暗心理、負面情緒的浮出水面，會有非常的不適感！但是很多「修行人」面對它時，不能自理……見多識廣的南老講話了：這就是他窮盡一生所見的比比皆是的修道修到了殘廢的歎息。

看大德蘭嬤嬤對磨難的分析：

這種患難的折磨，他人或許不像我那樣多，一切人都沒有像我一樣，由於我的罪惡，又像是為了報復自己，我很多年甘願生活在被愚弄中。修行對我既是這樣艱難，我想對你們也是一樣的。為此我在這裡告訴你們，瞭解艱難和辛苦是不可避免的，有何其重要。當其時也，不要心亂不要難過，就讓磨石轉動吧，來磨我們的麵粉，奉養我們的信仰。

善於分析的鄔斯賓斯基講話了：

如果你下工夫，如果你不斷觀察（「止觀」），你就會漸漸改變個性（「習氣」），而且你對個性所下的工夫也會在本質（「元神」）上反映出來。或者你控制個性，或者個性被無數個不同的「我」（「妄心」）所控制，其中每個「我」都各有自己的觀念、看法和欲望。我們必須明白，就我們現在這個樣子，一部分決定要下工夫，另一分份卻對此懵然無知或甚至反對，所以要獲得統一性（「得一」）是何等巨大的工作！

……正確的思考會逐漸形成正確的態度與觀點，逐漸變成一種永久性的行為（「正見」）；這樣一來，負面情緒只會偶而出現。正是由於正確思考的活動成為永久性的（「習慣」），它才會控制住負面情緒。

消除負面情緒是一件非常艱難的工作，不過，你必須明白，只要負面情緒存在著，就不可能進步。人如果要獲得統一，就必須同時努力對抗負面情緒；你不可能帶著負面情緒進步。

對「情緒」的定義，心理學家還有哲學家們已經辯論了幾千年。

中國人概括的「七情六欲」，西方傳統的和現代的不同學派歸納為，人類有四種、六種或九種基本情緒。而快樂、悲傷、恐懼、驚訝、憤怒、嫉妒等又可以相互組合。

於是乎，在幾千年的進化過程中，衍生出了更為複雜的各種高級（複合）情緒，如憂鬱、緊張、焦慮等（精神病）。

所以說，情緒既是客觀生理反應，也是主觀感受，這個就好理解。

它具有目的性，也是一種社會表達，是多元的、複雜的，這也好理解。

它是非條件反射，還是條件反射呢？則眾說不一。

　　一些心理學家強調情緒是植物性神經活動的產物（情緒的外周理論），即情緒刺激引起身體的生理反應，而生理反應進一步導致情緒體驗的產生。這種學說認為是先有機體的生理變化，而後才有情緒，即悲傷由哭泣引起，恐懼由戰慄引起。但是也顯然忽視了中樞神經系統的調節、控制作用，即（不良）情緒不可能被完全消滅，但可以進行有效疏導、有效管理、適度控制——這就是人類修行文化的訴求之一。

　　研究者也發現，因為情緒可以為（古）人常常面臨的問題提供簡單解決方法，例如，產生了恐懼並決定逃離。所以說，人類的情緒既來自生物本能，又在生物演化中被強化。「巴甫洛夫的動力定型理論」認為，人們在大腦皮層中執照刺激物的順序形成了比較穩固的暫時神經聯繫系統，這種系統叫做動力定型，是人學習、習慣和需要的生理基礎。其中，動機是最佳喚醒驅力，情緒是滿足這一驅力的副產品。根據驅力理論，行為的維持性在很大程度上是習得的。

　　於是，情緒（反射）也可分為：非條件情緒反射和條件性情緒反射兩大類。

　　於是，人類所具有的那些「高級」情緒，顯然具有高級條件反射的特徵。

　　情緒「與生俱來」，並且伴隨著進化攀援著條件而強化而「變化萬千」。

　　於是每個人，包括聖人都逃不了干係。

　　就社會意義而言，不僅需要積極的情緒，還需要消化不良情緒。

　　這就要求人們要管理好自己的情緒，使情緒獲得應有的表達和展示。

　　人們也只有挖掘積極情緒和消化不良情緒，才能更好地把握和管理自己做情緒的主人。否則，無論個體還是群體，都會「爆發」心理障礙。

　　人們的喜好、厭惡、患得患失等情緒，乃至抑鬱症，都是通過後天條件反射建立起來的，人們的大部分情緒障礙形成的心理機制，基本上都是由於在大腦中建立起潛意識條件性的情緒反射所致。其中最典型的潛意識條件性情緒反射，就是本人既不知道產生原因也不能夠控制的情緒反射，即不適應性情緒反應。

　　再看舜帝在禪位於大禹時，那個「十六字心傳」：「人心惟危，道心惟微；惟精唯一，允執厥中。」再看佛本生故事中，救了人而被出賣的九色鹿的哭泣：「人心反覆，不如負水中浮木。」菩薩要落水人而驚曰：「慎無取也！凡人心偽，鮮有終信，背恩追勢好為凶逆。」為什麼「人心」如此可怕？請觀察兒童

與狗子，還有皮浪膜拜的豬豬，何時患得患失、憂心忡忡？再看成人，全都是它（情緒）的俘虜啊，搞不好就被它要了命去。

情緒的發展和變化是因人因時因地因事而產生的，情緒在成就人，也在制約人，還在損害人。道家和佛教，尤其看到了它的弊端。丹派怎樣馴服情緒呢？「以鉛制汞」耳。

「七情六欲」和「心猿意馬」在「得炁」之前，人們再試圖予以制約，也是難以徹底的，不能「究竟的」。

中國人最欣賞的修行是「喜怒不形於色」，眼見前「投鞭斷流」的前秦百萬大軍兵臨城下，謝安除了派遣八萬人前去抵禦外，就剩下了「遊談不暇」。由於一些偶然的因素，前秦軍兵敗如山倒，這樣的結局戰前誰也始料不及，「淝水之戰」開戰之時，前秦的兵力是東晉的十倍多，晉軍必敗幾無懸念。《世說新語·雅量》記載，東晉將士們在前線鏖戰之時，謝安卻怡然自得與客人下著圍棋在賭博一套山間別墅，前線派來的信使到了，謝安看完信什麼話也不說，繼續下棋。客人詢問謝安，前線戰事究竟如何？謝安回答：「小兒輩大破賊。」那神態舉止，和平時沒有任何區別。這段事蹟，在《晉書卷七十九》中，前面部分和《世說新語》大同小異，結尾處是：「既罷，還內，過戶限，心喜甚，不覺屐齒之折，其矯情鎮物如此。」意思是說，謝安下完圍棋，回到裏屋。由於內心激動，把木屐上的齒子磕絆掉了都沒有發覺。這就好像在苻堅把謝安的腦袋按沒於水下之際，儘管水面只是泛起幾個悄無聲息的氣泡，但是水下是一片何其翻滾沸騰的掙扎。

這就告訴了我們一個道理，為什麼要在塵世中修行？因為只有在塵世中，即便那些能裝到「喜怒不形於色」的高人，但是人們固有的「習氣」仍然是在開動著馬力、全力以赴地馳騁在我們的生活的、精神的本來狀態中，也只有在它起作用的時候，才是你發覺它在「開動」並按下「關閉」鍵的時候。以我個人的切身體驗，在修行生涯中，最歷練人心的，莫過於股市。在這個圈裏混過的人，都明白股市最大的虐人處是，縱然我們有勇氣面對我們絲毫不能控制的局面，縱然有勇氣面對那些莫名的蒸發，但是，在面對的時候，我們該怎麼辦？首先不要問為什麼「我的錢」蒸發了？這個大多是人在老死之前都不會明白的。在那「天意」撒下漫天的煙幕之際，在迷霧裏你誰都不要問路在何方，包括你「自己」也信不得，謝安就沒有告訴謝玄「勝利一定是屬於我們的！」即便你早已認真地通讀了《資本論》和聽過無數場股神的扯淡，都是遠遠不夠的，

還要諳熟人性。面對割肉你能像牛大姐那樣面對死神哈哈大笑，那似乎搖曳在風中的欲滅還明的一點點希望之燭，就在這兒……

在生與死的賭局上，與其說謝安是「宰相肚裏能撐船」，不如說是一個輸不起的賭徒，但他又必須賭這一把，別無選擇。

修行何其不是這樣？在那個關鍵的轉折處，「欲要人不死，先做活死人。」

眾生艱難地活在這個「悲慘的世界」上、上帝製造的「食物鏈」中，只靠非條件反射不能適應異常複雜的、時常變化的環境，那就必須在生活中形成另一種反射，即條件反射。條件反射是個體在生活過程中後天獲得的行為，是在非條件反射的基礎上建立起來的比較複雜的反射活動。例如，梅子吃到嘴裏就會流口水，這時梅子是無條件刺激，流口水是無條件反應。但生活中人們看到梅子，或聽說梅子就流口水，甚至「望梅止渴」，這就是條件反射。動物和人在個體生活中必須建立許多條件反射，以適應千變萬化的周圍環境。在這個意義上說，動物和人出生後所學習的一切行為都是條件反射。高興，生氣，憂鬱等「七情六欲」，都是條件反射。

於是乎，人類身心在進化過程中，神經系統的高度發達、心理活動的變化多端，導致了「人心惟危」、「患得患失」。即喜、怒、憂、思、悲、恐、驚各種情緒的變化，已經成為導致疾患的重要因素。所以，在古希臘懷疑派哲學家皮浪那裡，沒有思想的動物，才是超然智者的形象、思想家膜拜的對象。據說，有一次，皮浪所乘的船隻遇上風暴，在一船人恐懼萬分之際，他發現船上只有「八戒」仍在津津有味地進餐，慨然歎息：智者應該像豬一樣不動心。他這個表述，比起具有東方含蓄性的「大智若愚」說，顯得確實太粗陋了。嗯，他顯然是沒有得訣，就是憑著自己的想像，向著「八戒」這個榜樣去照樣學樣了。據說，皮浪最後把工夫做到了這個地步：他不關心任何事物，也不避免任何事物，對象車禍、摔倒、被瘋狗咬之類的危險「無動於衷」。甚至對朋友跌入泥坑，也是徑直走過，也絕不援手以助。他也留下一些口訣，除了第一句覺察到了「習氣」，餘者怎麼看都是「鬼仙」成就：

> 長期形成的習俗不是輕易可以破除。
>
> 不作任何判斷，才能保證靈魂安寧。
>
> 聰明的人應該像豬一樣不動心。
>
> 不作任何決定，懸擱判斷。

人類情緒的善變，不僅僅是影響健康和壽命的主要因素，其實，就修心養

性之道而言，一生要磨礪的東西，就是習氣了──那個隨時會發作的（情緒）反射弧，元音老人把這個叫「翻種子」，非常貼切。而這個，才是真正折磨和歷練人心的。弗洛伊德依據自己的研究說人類的整個心理活動似乎都是在有意識或無意識地趨樂避苦，而且自動地受唯樂原則的調節，他堅信人有改變心態的需要，這個說法是符合人性的。其實他已經走到了一個古老的自人類存在以來就有的「修行文化」的門外，但是他沒有辦法，沒有道緣啊，所以只能發出一些牢騷諸如「人類世界就是一個悲劇」、「人是受其本能支配的低能弱智的生物」、「生物性即命運」等等、等等，等等。

　　既然人不能沉溺於這種抑鬱的情結中，要去尋找快樂或解脫，那麼怎麼做呢？每當那些負面情緒從心底漂浮上來，那麼，念吧。念咒！一個大腦只能維繫一個狀態，當它被咒語掌控著的時候，其他的情緒、情結或者「思想」就要讓位，「易無思也無為也」，那麼，「我」還何在？大勢至菩薩就是這麼成就的，通俗地說就這麼簡單，而這中間卻是一個險象環生的、反覆地拉鋸戰，佛教叫除習氣叫保任。你看內丹道的「鍾呂派」開山祖師呂洞賓的造型，是一個「肩橫一劍醉斜陽，笑指天低水未長」的神仙形象吧，那把「劍」它早已超越了純粹的兵器，被賦予了某種意義，昇華為種種文化範疇的不同象徵：道劍隱喻了煉丹過程的去利、去怒、去懼、去欲，以及所謂的十魔九難，要言之為煩惱、愛欲、貪嗔三項內容，同時，以劍的象徵斷之。

　　從某種意義上說，修行就是淡化，或消滅這些頑固的──反射弧。

　　既然條件反射的神經通路是在大腦皮層形成的──暫時神經聯繫，這也就意味著，條件反射不僅可以在非條件反射的基礎上形成，而且可以在舊的、後天的條件反射的基礎上「改良」。也就是說，動物和人不只能形成各種複雜的條件反射，還可以形成各種條件反射的抑制，進而取消這些神經反射弧──這就是我們進行修行和王陽明要學「做聖人」的（腦科學意義上）基礎。

> Your task is not to seek for love, but merely to seek and find all the barriers within yourself that you have built against it.
>
> 你的任務不是去尋找愛，而是去尋找並推倒所有曾經在你內心築起的障礙。
>
> ──Rumi（1207～1273）

　　在我們平常的思考和感覺方式中，有許多機械性的傾向老是使我們轉向平常的方式。我們想要以另一種方式思考，想要成為不同

的人，想要以另一種方式下工夫，以新的方式去感覺，但是什麼也沒發生，因為有太多固有的傾向使我們回頭。我們必須研究這些傾向，並設法理出頭緒。

努力尋找自己，努力觀察，努力不要認同（「著相」）。意識是一種力量，而力量只有靠克服阻力才能發揮作用。有兩樣東西能在人的心裏起作用：意識和意志。兩者都是力量。如果人克服機械性（「習氣」），他便有意志。如果他瞭解他所能獲得的力量性質，他便會明白這些力量不能由別人給予；人必須努力才能獲得這些力量。意識和意志不能由別人給予，就像為什麼人必須購買，沒有一樣東西是免費，學習要付出代價，這不是容易的事。

——鄔斯賓斯基（1878～1947）

《莊子·外物》：老萊子（老子別稱）曰：「丘！去汝躬矜，與汝容知，斯為君子矣。」

《史記·老子韓非列傳》：「去子之驕氣與多欲，態色與淫志，是皆無益與子之身。吾所以告子，若是而已。」

老子教孔子的「去」字訣，在他教誨尹喜的時候，就把「實修」意義上的「口訣」給道破了：

「損之又損」——把高級條件反射淡化或消滅掉，只留下低級的、原始的、足以維繫生命特徵的條件反射——吃喝拉撒——就是道家的「赤子」「嬰兒」之喻，就是《大宗師》的「嗜欲深者天機淺」的反義詞，就是內丹家的「元神主事」，就是儒家的「思無邪」，就是印度人說的「應無所住而生其心」，就是惠能說的「米熟久矣，猶欠篩在。」就是趙州說的「除二時粥飯是雜用心處，除外更無別用心處。」就是宗遠說的「吃飯、睡覺、拉屎、拉尿、拖一個死屍在路上走。」就是大顛和尚說《心經》之「深」：

深者，徹骨徹髓處也。古云：「為道損之又損。」但去靜坐，日夜反照，照盡髏骸，五蘊頓徹，絲毫不掛，如父母未生相似，燒了一般，貼體汗衫都脫卻。反求諸己，廓然無我，自然到家。古云：「不是不歸家，家貧歸不得，谷幽深遠無人能到。」古云：「去年窮未是窮，今年窮始是窮。去年窮無卓錐之地，今年窮，錐也無。」若能如是，方知無舌人能解語，無手人能行拳。

家貧咋就歸不得？

大顛的禪房，少說不也得一方丈？

不做算術好久了：

一丈等於 10 尺，so，一平方丈＝100 平方尺；

1 米＝3 尺，so，1 平方米＝9 平方尺。

So：

一平方丈＝100÷9≈11.11 平米

啥？卓錐之地？

噫，可憐的人：

去年還若有卓錐之地，今年搞得是「錐也無」……

嗯，看到禪修與內丹的不同結局了嗎？

佛教了捨棄一切欲望，道家則顯得很「享受」——

禪宗是一點不要；丹派是我要「長生」：

> 「朗月當頭時如何？」
>
> 「猶是階下漢。」
>
> 「請師父慈悲接引。」
>
> 「月落時相見。」

——《指月錄》

> 要得穀神長不死，須憑玄牝立根基。
>
> 真精即返黃金室，一顆靈光永不離。

——《悟真篇》絕句第三十九

丹派的「長生」觀，可以算入佛說的「壽者相」。

無壽者相，換丹派的術語，無長生不死相；換哲學術語，無永恆的存在。

瞬間而已，是名瞬間。

鳩摩羅什版《金剛經》總來五千多字，但是「無我相、無人相、無眾生相、無壽者相」出現在 20 處以上。

佛教奚落道教「守屍」，就是從這個角度說起的。

在佛法看來，靜坐、守竅已經都落入了我相，於是人相、眾生相、壽者相也就隨之而來，成就自然有限。

在《金剛經》中，佛陀告訴眾生，你與我也就僅一「相」之隔，超越了這個障礙，你即是我（「即汝便是」）。

那錐尖「一點」，易曰「太極」：

「錐也無」啥意思，讓老子說，「復歸於無極」：

○

所以內丹道登堂入室了，坐於「無根樹」蔭裏或「庭前柏」下，彈著「無弦琴」吹著「無孔笛」，聽大顛說法，才識妙趣，才為知音：

> 眼是色不能見，只是真空能見。耳是色不能聞，只是真空能聞。鼻是色不能嗅，只是真空能嗅。舌是色不能說，只是真空能說。身是色不能覺觸，只是真空能覺觸。腳是色不能行，只是真空能行。手是色不能行拳，只是真空能行拳。無眼能見，無耳能聽，無鼻能嗅，無舌能談，無腳能行，無手能行拳。意根有名無形，分為八萬四千。見聞覺知，總歸六根，遍身互換，神通妙用。

道曰「元神主事」。

其實，當你推開「眾妙之門」後，會驀然發現：

除了一座「雷音寺」外，啥也沒有……

釋道兩教，本就是中華一家親……

所以佛陀四十九年，他何曾說一法？

所以佛說「說法者無法可說，是名說法。」（《金剛經・非說所說》）

> 如來舉身相，為順世間情。
>
> 恐人生斷見，權且立虛名。
>
> 假言三十二，八十也虛聲。
>
> 有身非覺體，無相乃真形。
>
> ——《梁朝傅大士頌金剛經》

所以這個「家」歸得去嗎？無家可歸，是名歸家。

所以大顛先（引）說：

「雖然恁麼廣大，誰知有一物，更過於此。且道是甚麼物？」

「六祖云：我有一物，上拄天下拄地，無人識得，若親見一回，超過佛祖。出三界，不輪迴，為人自肯、自信，自能保任，得無礙法，決定無疑。」

然後大顛又說：

「撒手到家人不識，更無一物獻尊堂。」

「法身覺了無一物，本源自性天真佛。」

「本來無一物，明鏡亦非臺。」

「汝心中了無一物可了，是名真知。」

他說的咋矛盾著嘞？不矛盾。沒有看到嗎？他還（引）說嘛，「寶公道：有相身中無相身。」

　　「什麼物？恁麼來？」

　　「說似一物即不中。」

——《指月錄》

他前後的說法，咋矛盾著嘞？還有憨山老人說法：

伸手縮腳，左撈右摸。

原有一物，竟捉不著。

乞食街頭，失卻一物。

尋覓不見，捶胸頓足。

——《十八端然禪定》

前言剛說，一物難捉，咋恁粗心，如此得之不易，轉眼又丟了？矛盾嗎？

本來自性量如空，見色聞聲樹過風。

但使浮雲消散盡，幾曾一物著其中。

——憨山《示心聞禪人》

薛道光（1078～1191），號道源。

初為僧，法名紫賢，居福安寺，參修長老，深明佛法。

機鋒敏捷，宗說兼通，為禪門所首肯。

鑒於六祖惠能悟性之後，還要再求黃梅傳法，思悟道家金丹性命雙修之本必有秘傳，絕非個人智慧所能測度，於是盡力尋訪。

在宋徽宗崇寧五年冬天，薛道光住在眉縣青鎮（即今陝西省眉縣），在佛寺聽講，遇到道人石泰。以《悟真篇》中詩句請教。石泰講解大要，薛道光聽後大悟，平日埋藏在腹中的各種疑團，一下打破。進而請拜門下。石泰笑言：「你不怕有叛教的嫌疑嗎？」薛道光堅定地回答：「生死大事，如果拘於門戶，難道不是自己耽誤自己嗎？」石泰遂收為門內，喜悅的是自從紫陽先師授道以來，將近30年了，才遇到可以繼承的人。

從此薛道光棄僧從道，幅巾縫掖，混俗和光，以了性命大事。光宗紹熙二年（1191）道成，享年114歲。留有頌云：

鐵馬奔入海，泥蛇飛上天。

蓬萊三島路，原不在西邊。

且聽高道「一物」論：

　　道光曰：唯真一之氣，聖人以法追攝於一時辰內，結成一粒，如黍米，號曰金丹，又曰真鉛，又曰陽丹，又曰真一之精，又曰真一之水，又曰水虎，又曰太乙含真氣。人得餌之，立躋聖位，此乃無上九極上品天仙之妙道，世人罕得而遇也。五儔今得大道，斷念浮華，凝神碧落，毋為中下之圖，當證無上九極上品天仙之位。且真一之氣生於天地之先，混於虛無之中，恍惚杳冥，視之不見，聽之不聞，搏之不得，如之何而凝結以成黍米之珠哉，聖人以實而形虛，以有而形無。實而有者，真陰真陽也，同類有情之物也。虛而無者，二八初弦之炁也，有氣而無質。兩者相形，一物生焉。所謂一者，真一之氣而凝為一黍米之珠也。經曰元始懸一寶珠，大如黍米，在空玄之中者，此其證也。聖人恐泄天機，以真陰真陽取喻青龍白虎，以兩弦之氣取喻真鉛真汞也。今仙翁詩曲中，復以龍之一物名曰赤龍，曰震龍，曰天魂，曰乾家，曰乾爐，曰玉鼎，曰玉爐，曰扶桑，曰下弦，曰東陽，曰長男，曰赤汞，曰水銀，曰朱砂，曰離日，曰赤鳳，皆比喻青龍之一物也。又以虎之一物名曰黑虎，曰兌虎，曰地魄，曰坤位，曰坤鼎，曰金爐，曰金鼎，曰華嶽，曰前弦，曰西川，曰少女，曰黑鉛，曰偃月爐，曰坎月，曰黑龜，皆比喻白虎之一物也。又以龍之弦氣曰真汞，曰姹女，曰木液，曰青娥，曰朱裏汞，曰性，曰白雪，曰流珠，曰青衣女子，曰金烏，曰離女，曰乾龍，曰真火，曰二八姹女，曰玉芝之類，一也。又以虎之弦氣曰真鉛，曰金翁，曰金精，曰水中金，曰水中銀，曰情，曰黃芽，曰金華，曰素練郎君，曰玉兔，曰坎男，曰雄虎，曰真水，曰九三郎君，曰刀圭之類，一也。二物會時情性合者，二物即龍虎也。青龍在東屬木，木能生火。龍之弦氣為火，曰性屬南，謂之朱雀也。白虎在西屬金，金能生水。虎之弦氣為水，曰情屬北，謂之玄武也。木、火、金、水合，龍虎情性通，四象會中央，功歸戊巳土。土者，丹也。此之謂真五行全。戊巳為媒娉者，木在東，金在西，兩情相隔，誰為媒娉，唯有黃婆能打合，牽龍就虎作夫妻。戊巳屬土，謂之黃婆。龍虎雖處束西，黃婆能使之歡會。金木雖然間隔，黃婆能使之交並。兩者，蓋真一之氣潛，兩者同，真一之氣變，真人自出現，

此外藥法象也。丹熟人間，功成天上，九霞光裏，兩腋風生。非風
植靈根，廣施陰篤，其孰能語與於此哉。

──《紫陽真人悟真篇三注》

佛法追求的是涅槃──死了算，徹底地捨棄一切；

道家渴望的是逍遙──好舒坦，這般如此一萬年，都不嫌多。

三觀有別而已。

就像兩人都喝酒了，一位說：「我醉欲眠卿且去，明朝有意抱琴來。」

另一位就清醒得多，就像侯先生的相聲裏說：我沒醉。我抱著光柱爬到一
半，你把電筒一關，我還不摔死了？

你說究竟誰，或者誰究竟，喝得高啊？

藥鏡無矛盾，法界離兩邊。

儒云「為物不貳」道曰「大道唯一」佛說「不二法門」。

　　一者名為不二門，得門入去便安身。

　　當年曾子一聲唯，誤了閻浮多少人。

──《金丹大要‧昔之得一章第三十九》

說是一物，即非一物，故名一物。

　　本來自性量如空，見色聞聲樹過風。

　　但使浮雲消散盡，幾曾一物著其中。

──憨山《示心聞禪人》

也是《金剛經》中一個佛說的典型句式，如：「如來說三千大千世界，即
非世界，是名世界。」這就是告訴了人們在讀佛經時，放下了名相，才能深入
理解經義：

「老僧尚無卓錐之地，什麼處聚眾來？老僧無舌，何曾勸人來？」

你看，高僧是說，一無所有，怎麼落腳，談何聚眾？他印證了佛法，又把
佛說用一種生動活潑的喻言，再說了一遍。沒有相關經驗的人，一看就迷。

一旦入其藥鏡，隨心所欲，頭頭是道：

你可說它像天上秋月，也可說它像地上一泓靜水。

你還可以指著地上的「路」說「道」，也可以把「道」豎起來，呂祖說看
到了麼，連接乾坤之間「端的上天梯」？普庵說「一條柳栗杖，兩頭光晃晃。」
多了啊。

　　吾心似秋月，碧潭清皎潔。

無物堪比倫，教我如何說。

——寒山子《詩三百三首》

另一位有異議：

吾心似燈籠，點火內外紅。

有物堪比倫，來朝日出東。

——本權《和寒山偈》

像不像惠能懟神秀？

如說有區別，實在無區別；若說無區別，卻也有區別。

區別只在於「體」與「用」。

嗯，大和尚倒是落個清淨，一塵不染了啊。讓多少小沙彌參得面目全非（「頭面俱腫」）、死去活來？

按世間法言，安家立業是中國傳統的價值觀，沒有比房子重要的事了吧？

那無家可歸咋辦？紫陽真人說了：「會的圓通真法眼，始知三界是吾家。」

如來妙體遍河沙，萬象森羅無礙遮。

會的圓通真法眼，始知三界是吾家。

——紫陽真人《性地頌》

看到「天人同構」沒有？

對，不在學者的大部頭論注裏。就在吾人心裏，是古人來自體驗哲學的「覺悟」。

此心不必外邊求，只在當人一念休。

身世但從空處看，恰如湛海一浮漚。

——憨山《示禪人八首》

聽僧璨說法：

一切不留，無可記憶。

——《信心銘》

三祖說的啥不留？

習氣！

所以龍牙「頌貧道」曰：

學道先須且學貧，學貧貧後道方親。

一朝體得成貧道，道用還如貧的人。

所以憨山說「佛祖機緣」：

　　　　直到水窮山盡處，縱無一物也嫌多。

　大顛和尚在解說《心經》「般若」時，並又復述了一遍香嚴禪師的「貧窮」意義。

　「沒有資本，就是最大的資本。」革命家的智慧，居然與修行人的智慧，具有「驚人得相似」。只是，先天之「果」，在「世間法」裏，成了「因」：

　　　　學道先須且學貧，學貧貧後道方親，一朝體得成貧道，道用還
　　　　如貧的人。如此悟去，世間將不去，唯有一空身。是大安樂。會麼？
　　　　撒手到家人不識，更無一物獻尊堂。

聖十字若望說：

　　　　凡希望上去的人，他要求必須有心靈的赤貧。即使是最輕微的
　　　　執著，包括心靈的執著在內，都會妨礙一個人，去與天主結合。

卡比爾說：

　　　　假如把（裝滿「我執」的）頭送人，就能得遇明師（指真我），
　　　　即使這樣還是太便宜了。

葛吉夫說：

　　　　當人認識自己時，他會發現自己一無所有，也就是說，所有他
　　　　自以為屬於自己的觀念、思想、信念、品味、習慣、甚至缺點和惡
　　　　習都不屬於他，而是由模仿或抄襲現成事物而得。體會這一點人就
　　　　會覺得自己一文不值，覺得自己一文不值才能看清自己的真面目，
　　　　不只是看清楚一秒一刻，而是一直如此，永遠不忘。

最後把這位人稱「二十世紀之達摩」的俄國大佬的話，來做一個簡釋：

　「認識自己」對應著佛教的「打開本來」；「一無所有」對應著佛教的「空空如也」、丹派的「先天」；最後一句對應著佛教的「永斷輪迴」、丹派的「一得永得」、紫陽真人的「真精既返黃金室，一顆明珠永不離」。

　　　　我今排次定，更莫聽胡喧。
　　　　順我大家吉，逆我眾無緣。
　　　　孤峰無覓處，三千遍大千。
　　　　此時思一偈，虛空應不得。
　　　　非是我做作，真如體自然。

　　　　　　　　　　　　　　　　　　——《偈頌三十首》

「我」咋這麼狂？

真如，道也。唯我獨尊耳……

這是大話是理論，修行就是如何落實……

神針在手，風平浪靜。

凡狂人者，皆是因為他還沒有見過「我」……

　　　不宰是真功，色不異於空。

　　　起時唯法起，眼瞎耳兼聾。

——《金剛隨機無盡頌》

真我即不宰。

法起時的狀態，是「眼瞎耳兼聾」，不是狂，是呆……

被「不宰」挾持著、包裹著、主宰著，你能做什麼……

只能是以「無為」，來實現「無不為」……

當下即得「饒他為主我為賓」之真解；

當下即得「擔枷過狀」之真解；

當下即得「順其自然」之正解。

那要是不順「其」自然呢？

非要給老天爺找茬不是？想想隋唐第一好漢李元霸吧。

那就是自己給自己找不痛快。粗話，「找死」。

道家著名的順其自然、聽天由命世界觀，總不是空穴來風，它是在修真中的當下，體驗而來……

那個「無中生有」的天演論、宇宙觀，某種意義上講，也是修行文化的衍生品……

佛系的「空空如也」觀，同出一轍……

區別是，道系還保留了「第三方」——觀察員、主觀者……

佛系說「本來無一物」，當然，究竟有沒有，佛協內部也懟得很激烈……

一句話，世界各地的古人都有「天人同構」觀，他們都有從人道推演天理的意識……

同時也說明，馬克思博士的理論與實踐觀很正。

把法理再落實到修行：

命者，炁也。其者，道、炁。

不順其，（則很）不自然。

一句話，「彆扭」。

詩人解得今日有酒凡夫解得得過且過。

所謂四海聖賢，凡曾見得「真我」，即殊途同歸，故也其心相通。所以說，大道唯一，不二法門。

我們學道之人，尤其要留意一下老子的那句「見素抱樸，少私寡欲」，看清楚了，是「少」「寡」二字，隨著你的修養工夫的切實深入虛無之境，就能切實理解到老子的所指。重要是事情說三遍，再舉個例子吧，比如經典中的「息停脈住」，《抱朴子・內篇・釋滯》說：「故行氣或可以治百病，或可以入瘟疫，或可以禁蛇虎，或可以止瘡血，或可以居水中，或可以行水上，或可以辟饑渴，或可以延年命。其大要者，胎息而已。得胎息者，能不以鼻口噓吸，如在胞胎之中，則道成矣。」作為一個和蒲松齡一樣有搜集「奇聞異事」的愛好，這些顯然係葛仙翁的「道聽途說」，再看他給出的方法，「初學行氣，鼻中引氣而閉之，陰以心數至一百二十，乃以口微吐之，及引之，皆不欲令已耳聞其氣出入之聲，常令入多出少，以鴻毛著鼻口之上，吐氣而鴻毛不動為候也。漸習轉增其心數，久久可以至千。至千則老者更少，日還一日矣。」這種人為干預呼吸的做法不僅是沒有必要的，而且是有一定弊端的，不信你自己去學習一下噢，植物性神經紊亂導致的呼吸不暢，那是相當的不舒服啊，呵呵。再看看《胎息精微論》，「久久行之，口鼻俱無喘息，如嬰兒在胎，以臍通氣，故謂之胎息矣。綿綿不間。經三十年，以繩勒項，不令通氣，亦不喘息。喘息常在臍中，水底坐經得十日、五日亦可矣。以獨行此事，功效如前。若覓得真，更須修道。此事乃是一門，不可不作也。」這裡面想當然的成分就更多了，現在有一些小壞蛋就根據這些表演過坐在水缸裏面的魔術，只要不漏破綻，著實很惑人的。

那麼，這個「息停脈住」在實修中的真實狀態是什麼呢？我告訴你，此其時也，新陳代謝一些指徵下降了，但也只能說血壓下降，心跳緩慢，體溫降低，呼吸似無。古人說的息停脈住說的就是這種現象，下了坐也就恢復如初。如果我們把胎息稱為「內呼吸」，把肺呼吸稱為「外呼吸」，那麼內外呼吸本來是各自獨立的兩個系統。而在當凝神入氣穴時，「識神」已經被氣穴的潮湧裹了進去，外呼吸會受到內呼吸的影響而變得若有若無。因為當時還沒有科學的參與，所以就以為沒有脈搏沒有呼吸停止了。

我們在母腹中，沒有啟動口鼻和肺臟的功能時候，那時候的呼吸狀態可謂「胎息」，就是「內呼吸」。由此可見，胎息是一個人體已退化的自然本能，在修煉的過程中，人們可以重新激活它，這是一個比較長而曲折的過程，表現出

一定的層次性。當學者按照正確法訣，持之以恆地修煉達到一定程度之後，就會有一些非常奇妙的感覺出現，如癢、麻、涼、脹等。皮膚敏感度提高，呼吸頻率降低，綿綿若存。隨著氣感的進一步增強，練功者會有內氣氤氳，與天地融為一體的感覺，此時皮膚、毛孔的呼吸功能顯著增強，意味著胎息逐步開始了，而進入內呼吸狀態後，學者的雜念就明顯得少了，在恬淡虛無中，人體的自然本能被激活，與外界的氣體交換已通過人體的皮膚、毛竅、俞穴等直接進行交換，從而產生了更高層次的活動，口鼻呼吸幾乎完全停止，當然這是相對的，也是短暫的，並不是由此以後，學者就廢棄了口鼻功能。

當內呼吸持續到一定程度後，質變就發生了，便會出現內氣不出、外氣不入的混沌狀態。人體的一切高級神經的感知活動就會完全停止，進入神氣合一的狀態中，此時，人體的許多潛能被激發，生命固有的無限生機和很強大的免疫能力，也得以充分展現，我們也可以說，是丹派的所謂「大藥」，導致了這個內呼吸狀態。

從功能上說，叫「胎息」，從狀態上說，叫「天應星地應潮」，從名稱（或作用）上說，叫「大藥」，從本體上說，叫「玄竅」。即「生我之門死我戶，幾個惺惺幾個悟？」

前一個生者，是真「我」——元神、真身；後一個死者是識神、色身。

　　　　神明忽告人兮，魂靈忽自悟。

　　　　探端索其緒兮，必得其門戶。

　　　　天道無適莫兮，常傳於賢者。

　　　　　　　　　　——《周易參同契·法象成功章第三十二》

一言蔽之，此門戶者，即氣穴。色身在此死（呼吸驟停）；真身在此生（元神主事）。王重陽那個流傳千古的故事，在實際中就這麼一點點兒。「古墓派」所以不見流傳，在「政治上」就已經是不正確的了。

「大藥」能治癒很多醫藥不能治癒的疾病，至於古人也稱它為「長生不死」藥，這就是文學的描述了。六根本是佛教用語，即眼、耳、鼻、舌、身、意六根。大藥生發時，學者會有一個「六根震動」的經歷，這時候才知道六根原來都與外竅相通。虎嘯龍吟，這是耳聞；光透帷簾，這是眼見。這些文學詞彙的描述都很美好，真實的境地中卻是十分的難受，但是持續的時間很短。所以，腎開竅在耳，心開竅於目，都是來自丹道的實踐，否則，一些毫無解剖學上的互相關聯的器官之間怎麼有主有竅呢？是無從解釋的。對的，同學說得不錯，

高校醫學課本是說「心開竅於舌。」但是《內經》上說到心竅的地方一共有三處：

《金貴真言論》：心開竅於耳，腎開竅於二陰。此為收受。

《陰陽大象論》：心開竅於舌，腎開竅於耳。此為內外之應。

《解精微論》：夫心者，五臟之專精也，目者其竅也，華色者其榮也。

這說明《內經》是薈萃本，而不是一人專著，「仁者見仁智者見智。」

其中《解精微論》中的闡述，最具有丹道實修上的而不是臨床上的意義。

《西遊記》中的心猿孫行者，它那火眼金睛是怎麼回事？

呵呵，自己參悟吧。

如果覺得傷腦筋，就到我前面講過的話裏面找這四個字：「光透帷簾」。

同樣傷腦筋的「互相矛盾「，在這些巨著中「比比皆是」：

《內經》中有的地方是自相矛盾的。

《內經・素問・五臟別論》：是以五臟六腑之氣味，皆出於胃，變見於氣口。

《內經・素問・金匱真言論》：肝心脾肺腎五藏，皆為陰。膽胃大腸小腸膀胱三焦六府，皆為陽。

《內經・素問・六節藏象論》：九野為九髒，故形髒四，神髒五，合為九髒以應之也。

《內經・素問・三部九候論》：九野為九髒。故神髒五，形髒四，合為九髒。

《內經・素問・如靈蘭秘典論》：黃帝問曰：願聞十二髒之相使。歧伯對曰：有心、肺、肝、膽、膻中、脾、胃、大腸、小腸、腎、三焦、膀胱，十二個髒。

假設有人說十二髒是指五臟七腑，那麼，十二髒照五臟六腑還多了一腑。假設有人說十二髒是指六髒六腑，那麼照五臟六腑還多了一髒。假設有人說十二髒是指五臟六腑；那麼十二髒照五臟六腑又多了一個髒。

看，在同一本書中，一會五臟六腑，一會九髒，一會六髒六腑，一會十二髒。

再看不同的書。

《內經・靈樞・根結篇》：太陽根於至陰，結於命門。命門者，目也。

《難經・三十六難》：髒各有一耳，腎獨有兩者，何也？然腎兩者，非皆

腎也，其左者為腎，右者為命門。命門者，諸精神之所舍，原氣之所繫也。

一對相同的腎，生在左邊的是「腎」，生在右邊的是「命門」。呵呵，這樣的隨意性，確實，在世界幾千年的文明史上都是絕無僅有的。

趙獻可提出：「命門在兩腎之間。」

孫一奎則認為命門為腎間動氣，而無形質為臟腑之本，生命之源。

命門一會是器官，一會又是穴位。

歸納一下：

1. 指眼睛，首見於《內經》：「命門者，目也。」

2. 命門在五行中屬火，位於與對應的臟、心的旁邊。如《嵩崖尊生書》：「木、火、土、金、水、肝、心命門、脾、肺、腎。」

3. 兩腎之間：明代趙獻可《醫貫·內經十二官論》：「命門在人身中，對臍附脊骨，自上數下，則為十四椎，自下數上則為七椎。《內經》曰：『七節之旁，中有小心』，……各開一寸五分，中間為命門所居之宮」。

4. 右腎。如《難經·三十九難》：「腎有兩臟也，其左為腎，右為命門。」

5. 兩腎。明·虞摶《醫學或問》：「愚意兩腎總號為命門。」

6. 經穴名。命門穴位於督脈腰椎二、三棘突間。見於《針灸甲乙經》

7. 石門穴別名。屬任脈，位於臍下二寸。見於《針灸甲乙經》

8. 男為精關，女為產戶。如《醫學實在易》：「凡稱之曰門皆指出入處而言也。況身形未生之初，父母交會之際，男子施由此門出，女子受由此門入。乃胎元既定，復由此門而生。……重之曰命門也。」

再說了命門是臟？是腑？如果是臟，那就不是五臟了而是六臟。如果是腑，那就該是七腑了。如果算是奇恒之腑，那豈不是又多了一個奇恒之腑？不管你說命門是什麼，都不符合五臟六腑和六個奇恒之腑的經典理論。

即便是穴位，它的位置也是各自有指。

不同的醫學名著，何其互相矛盾。

同是中醫大師，何其自相矛盾。

這些矛盾給我們的啟示是：

1. 中國傳統文化，由涓涓細流，匯成汪洋，重視的是「堆積」，缺乏的是「整理」，這裡說的是科學意義上的歸納、總結。

2. 如果你想予以「整理」，那麼你必須知道這些說法的「根源」。

「修行文化「就是中醫學很多重要立論的出處。

李時珍深知其中的奧妙:「內景隧道,唯返觀者能照察之。」

歸題吧。這些生物本能、基礎層面的東西你捨去的時候,那就是徹底地掛了再也回不來當下的世界了,那就是「子君,我們再也回不到過去了。」

除了「三頭六臂」和「千手觀音」這些人類對「超人類」想像到極限了的「藝術造型」外,我們沒有見過古往今來的神聖賢達,有哪些「神聖」不再使用人類的語言,有哪些「神聖」到失去了人類的模樣,「神聖」到不再像人類一樣行走。紫陽真人自歎:「人間所能,百無一會。」但看後句:「饑來吃飯,渴來飲水。困則打睡,覺則行履。熱則單衣,寒則蓋被」,深得老子「少」、「寡」之趣。如果那些「低級的、原始的、足以維繫生命特徵的條件反射——吃喝拉撒」也不存留,即如果把這些基礎的物種本能、生命特徵也滅絕了,那就是道教的「羽化」、佛教的「涅槃」,訃告中的「去世」、百姓的俚語嘻言「翹辮子」……

在那個「視死如歸」的精神境界中,是駐世還是昇天,也成了一套「自助餐」,好吃那一口由你自選,即「我命由我不由天」……

在死亡面前,每個人都是極度孤獨的,因為沒有人能陪你走到最後……

4

換一個輕鬆的話題吧,一位著名的猶太學者常講給信徒們講一個阿拉伯故事:

哲學家問船夫:「你懂哲學嗎?」

「不懂。」船夫回答。

「那你至少失去了一半的生命。」

哲學家說:「你懂數學嗎?」哲學家又問。

「不懂。」船夫回答。

「那你失去了百分之八十的生命。」

突然,一個巨浪把船打翻了,哲學家和船夫都掉到了水裏。

看著哲學家在水中掙扎,船夫問哲學家:「你會游泳嗎?」

「不……會……」哲學家回答。

「那你將失去整個生命。」船夫說。

革命導師年輕時就明白「哲學家們只是用不同的方式解釋世界,問題在於改變世界。」老年的時候他又用這個故事教育女兒:空想沒有用啊,要懂得(活在當下)用思想指導行動去改變(你的)世界!勞拉理解了老爸的苦心嗎?好

像是他的女兒們的人生都很悲慘。當然，我們也不能因此因它，或因他沒有得訣沒有修道，就輕視一個人類文化史、哲學史上卓越的「辯證唯物主義」，現在我仍然很清晰地記得，湯一介先生介紹我跟王沐先生學習《悟真篇》時的幾句話，把老一輩學者的教誨轉述過來，希望同學們有所體會有所受用：「我一直認為，辯證唯物主義是一個很好的體系。我們這一代人，研究中國文化，都有意或無意地使用過這個工具，現在感覺是也是很受啟發的，他主張的那個實事求是和理論聯繫實際，在做道教佛教研究的時候，是有用的，哲學的問題都是從懷疑開始，沒有懷疑就沒有辦法進步……不要把唯物主義和唯心主義搞成水火不容……」而在這裡，和同學們交流內丹之道，我引用這個故事和馬克思博士的用意是完全相反的，呵呵，甚至飽含一些「反動思想」：當我們沿著人生之路逆而行之，返還到了原始動物的本能狀態時，也就徹悟了維繫這種生命狀態的存在和快樂的基礎東西，其實並不多，可謂「少」、「寡」：「曲則全，枉則直，窪則盈，敝則新，少則得，多則惑。是以聖人抱一為天下式。不自見，故明；不自是，故彰；不自伐，故有功；不自矜，故長。夫唯不爭，故天下莫能與之爭……」

我們能說神秀的遺言「屈、曲、直」和道家這段話沒有一點兒關係嗎？還有他那句著名的「時時勤拂拭，莫使惹塵埃」，又和道家有哪些呼應呢？「清靜無為」啊，「損之又損」啊。呵呵，這些都是上乘的口訣一品的丹法不二的法門，修道學佛的諸君視而未見豈不是身入寶山而空手回哉？神秀得遇弘忍之前，是有豐富的遊學經歷的，他的「禪學思想」的教外淵源，就是對中國「傳統文化」尤其是道家文化援引與融合。從某種意義上說，禪宗這個「叛經離道」的「教外別傳」，就是印度佛教的因名學對中國道家自然無為思想的另外一種「邏輯」。

同時，當我們在梳理人類思想史的時候，總會發現不勝枚舉的令西方「黑格爾」們不願意承認的往事：中國經典哲學其實已經攀登上人類思想的巔峰。而西方文明，從明代「航海九萬里觀光中國」的利瑪竇開始，的確從東方文明的汪洋中，汲取得太多太多了，以至於我們在閱讀西方哲學史時，你會感覺太多的「似曾相識」，不管他身著何種名牌的或者奇裝異服，我們總有「似是故人來，漫漫何其多」的感覺閃現，或許也會冒出「班門弄斧」、「孔夫子面前賣三字經」等等一些輕薄「念頭」……沒有這些精神的能量，單憑「鳥銃」和「科學」，西方是否鬥得過萬能的「上帝」，還有待商榷。

我們同樣也要向這些西方傳教士表達敬意，那個期間傳入中國的現代數學、幾何，世界地圖、西洋樂等西方文明，使龍的傳人、「天朝」上下的世界觀也從以自我為中心的「妄念」一步跨越到了世界是一個圓球的「理念」，而不是「孔方兄」的那個模樣。

《老子》說過一個意思：知人者智，自知者明。

學者可以做個延伸的解讀，就是，人貴有自知之明。

他為什麼這樣說？很多人沒有明白。

學者在解除了淺表意識的束縛之後，很多根深蒂固的習氣，就浮現出來了而不為己知，更不要說「損之又損」了：

> 今天會如此這般是因為昨天如此那般。如果今天跟昨天沒有兩樣，明天也不會有所不同。如果你希望明天不一樣，你今天就要做一些改變。如果今天只是昨天的結果，明天也會是今天的後果，一點不帶變的。

——Gurdjieff（1866～1949）

所以說，修身養性這個事，建立起「日三省吾身」這個基礎反射弧，也是一生的作業。

> 大道修之有易難，也知由我亦由天。
>
> 若非積行施陰德，動有群魔作障緣。

——《悟真篇》七言絕句第六十一

「不怕念起，唯恐覺遲」，嚴格地說，要能時刻覺察到妄心之動，不是一朝一夕的心上工夫，「老夫四十年方打成一片」也不無內含這層意思，而「七十從心所欲不逾矩」的境界已經是心口合一了。

5

不僅僅七情六欲、患得患失，及其他不良情緒——佛教所謂的「習氣」——符合條件反射的表現和規律，甚至，先天一氣，也是一次大的、比較刺激的神經系統的生物電流的湧動，或可說是腹腦對頭腦虛極靜篤狀態的一個「反射」？

當諸多雜亂無章的、影響道樂和法喜的妄念衝動，在凝神調息調息凝神中被抑制以後，「一氣」這個大衝動，對大腦的影響，對世界觀的改造，有著深遠的、重大的意義，因為這是一個轉折點，從「量變」到「質變」的轉折點，

所以丹道稱為「玄關」。

由此之後，心理結構會產生很大的變化，「對境無心」就是其一，面對生老病死，做不到，這就說明工夫、道行不夠。什麼時候修到了「將首就白刃有似斬春風」，祝賀一下，「好活兒」。

就像古人不知道細菌、病毒的存在，而一概歸為「瘴氣」所致一樣，先民還沒有能力解釋這種如癡如醉的「狀態」與內啡肽、多巴胺等等快樂物質相關，暫名之「得道」。

當然，「道行」還有靜篤程度上的、層次上的區分：

一般人是：匹夫聞怒，拔劍而起。

大人物的「反射弧」顯得有點長：君子報仇，十年不晚。

聖人好像沒有「反射弧」：呼之應之。

總之，關於聖人，佛系有佛系的標準，儒家有儒家的標準，丹派有丹派的標準：

> 先且觀天明五賊，次須察地以安民。
>
> 民安國富當求戰，戰罷方能見聖人。

——《悟真篇》七言絕句第九

做牛做馬，在中國古人語境裏，有奴隸之意。

老子的「呼應」說，可以從兩三個方面詮釋：

一是，沖炁之際，道曰「饒他為主我為賓」佛說「擔枷過狀」。

二是，沖炁之後，也就得了粗「定」。「識神」退位為僕，交於「元神主事」。

三是說，修道修真，在某種意義上，得竅後的行（性）功，無非是損之又損。佛謂「保任」、除習氣。因為下野了的識神還會反覆「造反」嘛，佛謂「悟後迷」。

《易經·繫辭》曰：「聖人以此洗心」。說不清楚，是《易傳》啟迪了《老子》，還是《老子》啟迪了《易傳》？

狹義上呢，就是放下大道理，落實於修行上：

當老子觀察到「窈兮冥兮，其中有精」時，他是怎麼做的？

老子就是以「呼應」的方式處理的：

它要怎麼地，你就得泯滅主觀，讓位於他——客觀之「象」、之「精」、之「物」、之「信」。

尤其得注意，在老子時代，精、氣、精氣，三者基本同義：

我看不少學者在理解精氣神時，常說精與氣先合成了一物，然後再與神合──有那麼複雜嗎？六祖笑了：那是被經（典）轉（迷）了。

無論狹義上的、廣義上的、還是「當下」的，我這笨嘴拙舌的白話詮釋，在黃帝、岐伯的註解面前，何等蒼白：「恬淡虛無，真氣從之。」

在老子的註解面前，是何等的蒼白：「吾不敢為主而為客。」

在莊子的註解面前，是何等蒼白：「氣也者，虛而待物者也。」

在吳中高士的註解前，是何等蒼白：「委志歸虛無，無念以為常。」

在「赤蓮真人」面前，是何等蒼白：「不可著體，不可運用；委志虛無，寂然常照。身心無為而神氣自然有所為，猶天地無為萬物自然化育。」

中國哲學落實於內丹道的，不僅是「氣一元論」。

以「陰陽二元論」來說解，就有了神炁之別。

印度文化自商羯羅之後，「不二論」成為主流。又因為牛在印度人的語境中，乃神化之物。

所以你看，卡比爾就換了「狗子」來說事兒：

> 我的名字叫「莫提」，
>
> 我只是上主的一條狗，
>
> 他叫我向哪兒去
>
> 就向哪兒去。
>
> 我沒有什麼事可做，
>
> 也不必做任何事，
>
> 因為我什麼都不會。
>
> 但聽祂吩咐：
>
> 卡必爾、卡必爾。

注意：卡比爾是無神論者，在他的語境裏，「上主」沒有其人。

那麼「上主」是什麼？這裡只說，具體在修行文化中的所指：就是「昆達里尼」就是「拙火」，道曰「先天一氣」。

在此「當下」，「吾喪我」──「吾人」都沒有了，還談何情感和傷懷？患得患失的心？或反射弧……

所以，凡經過很好的自制訓練者，七情六欲（情緒）就被（一氣）抑制，和取消了……

於是，世界各地古之聖人，最基本的一個素質，就是不再容易衝動的──

「自我」的征服者。

　　在經過儒道互補，遺風餘澤後，也就造就了我們中國人不苟言笑、不形於色的為人之道。

　　由於聖人們很好地消滅了條件反射弧、除卻了「習氣」，他們是能更好更全面更深沉的觀察世界思考問題的人。那麼，「淡泊以明志寧靜而致遠」，也可以算做一個指標吧。

　　由於專業的工作的，更由於出自人之探索的天性原因，我也走過很長的曾經「尋仙問道」之路，沒有見過一千也見過八百。古籍中描述的聖人這個物種，可以說，幾乎被現代文明，或者人類的智慧成就給毀滅殆盡了，但是「聖人蛋」倒是見過不少，八、九十年代的「氣功大師傅」基本上都屬於這一類，那是如來佛下凡也救不了，真的要敬而遠之，這種病傳染性很強，從古代到今天：

　　　　敬而遠之，

　　　　勿交無腦人。

　　　　就像穿過黑煙，

　　　　煙會黏你身上。

　　　　　　　　　　　　　　　　　　——Kabir（1398～1518）

　　說實話，在修行人這個群體中，我們很少遇到「智慧」的表現象老子那樣兒的，既能「元神主事」，又能「修之天下」——那種散發出大智若愚之氣象者，若鳳毛麟角。而修到雖愚不可及、但生活尚能自理的，就是南先生所說的那個意思，一生多見的就是修行至殘廢者，所幸我沒有他尋仙問道走的路遠闊的人多，也沒有葛吉夫剖析得深刻：

　　　　我們在路上或大城中與見絕大多數的人都是空心的，也就是說
　　　　他們實際上早已經死了。我們沒有看到或知道這種情況算是幸運的。
　　　　要是我們知道許多人早已是行尸走肉，而其中許多人正掌管我們的
　　　　生活，我們真會覺得恐怖至極而瘋掉。而確實有人因此瘋掉，因為
　　　　他們在沒有準備的情況下發現類似的事實，看到不該看的事情。

　　在「識神體系」逐漸淡化乃至「突變」後，即在「開竅」後直接就像換了一個人，所謂「脫胎換骨」就是這個意思。

　　　　委志歸虛無，無念以為常。證驗自推移，心專不縱橫。

　　　　　　　　　　　　　　　　　　　　　　——《周易參同契》

　　確實，靈魂這時已經完全出離了自己，玄之又玄，在她回位的

時候，像是換了一個人。

——St.Teresa of Avila（1515～1582）

修行人的「情商」會迅速下降，為人處世的能力嚴重退化。

同時，心理學上的「陰暗心理」也是一個大爆發期。

因為害怕失去「我」，所以「我執」的情結在某一段時期會表現得非常嚴重，元音老人說這是「翻種子」，非常貼切。

葛吉夫這樣教導弟子：一個人執著於一個「小目標」時，就全然忘記他修行時的大目標，就像一個人太容易被一葉障目而不見森林。

這一關怎麼過？這一劫怎麼渡？紫陽真人是一句帶過了：「若非積行施陰德，動有群魔作障緣」，那麼如何行功如何積德，「德」乃何指，他沒有講，因為他知道講了也是白講。不過一般人理解為「積德行善」也沒有錯，對和諧社會的建設已經起到了宗教的作用了，不過只要聯繫一下「視萬物為芻狗」，就知道修道意義上的這個「行善」不是停留在要做好人好事這個層面上的。而在「悟後起修」這一塊，佛教比道教更為關注，自己去參悟吧呵呵。所以佛教徒之間比工夫高低的，不多。笑話多出在道流。當然，另一個原因也不容忽視，佛教是其信眾以釋迦牟尼作為標準量身打造的，誰也不許超越！這個私人定製作得不僅華麗、夢幻，而且皮實耐穿。

一句話，當「識神體系」「崩潰」了之後，不是成就「聖人」，就是成就「聖人蛋」。

前面我們說真正的聖人範兒，很有必要時時默誦反覆默誦：

太上，不知有之，其次親而譽之，其次畏之，其次侮之。信不足焉，有不信焉。悠兮其貴言，功成事遂，百姓皆謂我自然。

絕學無憂，唯之與阿，相去幾何？善之與惡，相去若何？人之所畏，不可不畏。荒兮，其未央哉！眾人熙熙，如享太牢，如春登臺。我獨泊兮，其未兆，如嬰兒之未孩；儽儽兮，若無所歸。眾人皆有餘，而我獨若遺。我愚人之心也哉！俗人昭昭，我獨昏昏。俗人察察，我獨悶悶。忽兮其若海，飄兮若無止。眾人皆有以，而我獨頑似鄙。我獨異於人，而貴食母。

曲則全，枉則直，窪則盈，敝則新，少則得，多則惑。是以聖人抱一為天下式。不自見故明，不自是故彰，不自伐故有功，不自矜故長。夫唯不爭，故天下莫能與之爭。古之所謂曲則全者，豈虛

言哉！誠全而歸之。

　　重為輕根，靜為躁君。是以聖人終日行，不離輜重。雖有榮觀，燕處超然。奈何萬乘之主，而以身輕天下？輕則失本，躁則失君。

　　知其雄，守其雌，為天下谿。為天下谿，常德不離，復歸於嬰兒。知其白，守其黑，為天下式。為天下式，常德不忒，復歸於無極。知其榮，守其辱，為天下谷。為天下谷，常德乃足，復歸於樸。樸散則為器，聖人用之，則為官長，故大制不割。

　　聖人無為，故無敗；無執，故無失。故物或行或隨，或噓或吹。或強或羸，或挫或隳。是以聖人去甚，去奢，去泰。

　　信言不美，美言不信。善者不辯，辯者不善。知者不博，博者不知。聖人不積，既以為人，己愈有；既以與人，己愈多。天之道，利而不害；聖人之道，為而不爭。

　　……

達摩與梁武帝對話時，那一句「廓然無聖」是多麼得到位，而在禪宗公案裏那些「喝佛謗祖」的那些「衣缽」的表現，呵呵，確實是很吸引眼球的，惹得連日理萬機的皇上都要專門抽時間來批評一下：「德山宣鑒，平生語言無可取，一味狂見恣肆……如市井無賴小人詬誶，實令人驚訝，不解其是何心行？」

　　灑脫與失控，兩者只有一步之遙，起決定作用的，就是你「識神體系」中的概念、邏輯，還有世界觀──這些「下意識」中的東西。

　　所以，我們還能說「識神」不重要嗎？道教輕視「識神」的弊端，就如同佛教鄙視「肉身」一樣。所以說，怎樣理解古人命名的「識神」，是從狹義上還是廣義上，是很重要的，如果把這個概念混淆了，那也就把它的取捨混淆了。

　　同樣，要理解「元神出殼」這個概念，如果能結合莊子的「天人合一」，或者佛教的「遍及一切處」，加以個人實踐，就能很好地理解了「學而不思則罔思而不學則殆」的意義，就能明白到古人為什麼強調「半日靜坐半日讀書」了。

　　今夫修丹之士，必先洞明此三者之機關，深識此三者之根本，目擊道存，心領意悟，知以真知，見以真見，略無一毫凝滯於胸中，然後可以下手用工夫立基矣。

　　　　　　　　　　　　　　　　　　　　　　──《金丹正宗》

讀書、思考、考察，然後再簡化，深入骨髓，形成適合你自己的、「合理

的」、「和諧的」、「優美的」、「穩定的」、詩意的精神框架，這是你修行的「基石」──或可曰「潛意識」和「信念」，這其實就是一個「窮理」的過程，而這對於你所要建造的「九層之臺」，至關重要。

　　「合理的」、「和諧的」、「優美的」、「穩定的」，或者「好的」、「不好的」，都加有引號，是因為這些都是相對的，無論你是有神論還是無神論，無論你是向道還是信佛，只要和「癔症」與「神道」保持一定的距離就好。就像前面我們說過的那位無神論的先驅唯物主義的大師王充，他其實是很認「命」的。讀讀《逢遇篇》就可以看出，和古代讀書人一樣，和讀書人的領袖孔子一樣，王充是很想當官的，《論衡》開篇就是：「操行有常賢，仕宦無常遇。」而看他所處的社會背景社會制度，在漢代，想要擔任一個相當的官職，有兩種途徑：或者通過襲爵、任子、貲選等，也可以通過察舉、徵辟及州郡選拔為官或升遷。這兩條路對於王充來說都走不通，一方面王充不是世家出身；另一方面也不符合察舉和徵辟的條件。論才學呢，王充又以「異端」聞名。在屢次經受仕途坎坷之後，那他除了「命」還能做些什麼呢？「賢不賢，才也；遇不遇，時也。」

　　他這個經歷和很多歷史高道的人生際遇是很相似的，這就形成了中國士子「進則儒退則道」的那個傳統，所以，所以你閱讀丹經，在字裏行間，在樂觀地與天奪命的同時，也復充滿了悲觀厭世的道情辭，表現出了人性中的多樣性和複雜化。是啊，當「揮斥方遒」的激情退潮以後，人到中年，悲觀宿命的情緒會逐漸佔了上風，「唯心主義」情緒會起主導作用。儘管思想逐漸走向「不合理」，但是心態卻趨向於「穩定的」。

　　還是像諸子那樣舉例說明吧：比如關於瀕死的感覺，一般人在這個「四大解體」、「小宇宙」坍塌的階段，在「黑白無常」來到的時刻，表現的大多是無所適從和「一團凌亂」之相，我們且不說真心地要解救全人類的革命烈士那種「砍頭不要緊只要主義真」的氣概，而一個為治病救人為業的醫生，他能在這個「應激狀態」下，以「穩定的」心態冷靜地描述事態的經過，留給後人繼續做研究，這就是高度的職業修養使然。與之具有非常相似的是，道家在推開「眾妙之門」的那個瞬間，也就是在出入一個「準死亡」、「假死」的「應激狀態」後，你看在老子的筆下描述那個狀態，是多麼得和諧、優美、有理、有據、有節，充滿詩意，這些句子再好好咀嚼一番，看看自己能嗅出多少「火」、「藥」的味道，看看哪些句子又是在白描或寫意「玄竅」：

　　道可道，非常道。名可名，非常名。無名天地之始，有名萬物之母。故常無，欲以觀其妙；常有，欲以觀其徼。此兩者同出而異名，同謂之玄，玄之又玄，眾妙之門。

　　故有無相生，難易相成，長短相行，高下相傾，音聲相和，前後相隨。是以聖人處無為之事，行不言之教；萬物作焉而不辭，生而不有，為而不恃，功成而弗居。夫唯弗居，是以不去。

　　道沖，而用之或不盈，淵兮，似萬物之宗；挫其銳，解其紛，和其光，同其塵，湛兮，似或存。吾不知誰之子，象帝之先。

　　天地之間，其猶橐籥乎？虛而不屈，動而愈出。多言數窮，不如守中。

　　谷神不死，是謂玄牝。玄牝之門，是謂天地根。綿綿若存，用之不勤。

　　天長地久。天地所以能長且久者，以其不自生，故能長生。是以聖人後其身而身先；外其身而身存。非以其無私邪，故能成其私。

　　載營魄抱一，能無離乎，逆天之事，欲久乎？摶氣致柔，能嬰兒乎？眠時可知。滌除玄覽，能無疵乎：何以滌除，以其污污，玄引其緣發，透靈臺而過呵，其跡自留，此人法也。愛民治國，能無為乎？天門開合，能為雌乎？明白四達，能無知乎？生之畜之。生而不有，為而不恃，長而不宰，是謂玄德。

　　寵辱若驚，貴大患若身。何謂寵辱若驚？寵為下，得之若驚，失之若驚，是謂寵辱若驚。何謂貴大患若身？吾所以有大患者，為吾有身，及吾無身，吾有何患？故貴以身為天下，若可寄天下；愛以身為天下，若可託天下。

　　視之不見名曰夷，聽之不聞名曰希，搏之不得名曰微。此三者，不可致詰，故混而為一。其上不皦，其下不昧。繩繩不可名，復歸於無物。是謂無狀之狀，無物之象，是謂惚恍。迎之不見其首，隨之不見其後。執古之道，以御今之有。能知古始，是謂道紀。

　　致虛極，守靜篤。萬物並作，吾以觀復。夫物芸芸，各復歸其根。歸根曰靜，是謂復命。復命曰常，知常曰明。不知常，妄作凶。知常容，容乃公，公乃王，王乃天，天乃道，道乃久，沒身不殆。

絕聖棄智，民利百倍；絕仁棄義，民復孝慈；絕巧棄利，盜賊無有。此三者以為文不足，故令有所屬。見素抱樸，少私寡欲。

孔德之容，唯道是從。道之為物，惟恍惟惚。惚兮恍兮，其中有象；恍兮惚兮，其中有物。窈兮冥兮，其中有精；其精甚真，其中有信。自今及古，其名不去，以閱眾甫。吾何以知眾甫之狀哉？以此。

有物混成，先天地生。寂兮寥兮，獨立不改，周行而不殆，可以為天下母。吾不知其名，字之曰道，強為之名曰大。大曰逝，逝曰遠，遠曰反。故道大，天大，地大，王亦大。域中有四大，而王居其一焉。人法地，地法天，天法道，道法自然。

道生一，一生二，二生三，三生萬物。萬物負陰而抱陽，沖氣以為和。

天下之至柔，馳騁天下之至堅。無有入無間，吾是以知無為之有益。不言之教，無為之益，天下希及之。

聖人無常心，以百姓心為心。善者吾善之，不善者吾亦善之，德善。信者吾信之，不信者，吾亦信之，德信。聖人在天下恍恍，為天下渾其心，百姓皆注其耳目，聖人皆孩之。

為無為，事無事，味無味。大小多少，報怨以德。圖難於其易，為大於其細；天下難事必作於易，天下大事必作於細。是以聖人終不為大，故能成其大。

……

經歷過「死亡」之刻骨銘心的學者，那麼在閱讀到王重陽給自己挖個「活死人墓」的穴居之舉和「欲要人不死，先做活死人」這樣的句子等等，馬上就「心領神會」這些言行的真正含義，而不會去盲目地傚仿，或者改變鮮活的人生為「行屍走肉」，並以之謂「道」。這也就是丹經佛經是給實修做參考而不是教你如何修。這時候，才是學者博覽群書而不迷「至善之地」：

靈魂這時已經完全出離了自己，毫無疑問，並使人看出有奇妙神跡。逍遙在上帝的國土，她為莫大的收益而愜意。至於世間的財富，則視如糞土。從今以後，她已經不再用習慣的眼光，去看任何事物。上帝彷彿給她指定了一個地方，如同以色列人派遣代表去到預許之地，他們帶回來了肥沃的證據——她曉得那裡就是她的安息

之地。

——St. Teresa of Avila（1515～1582）

哲學家在為他師父葛吉夫大佬的「第四道」不能流行的解釋是：

這是因為人人都想獲得，而我們是學習丟棄。假使能讓人馬上
有所獲得，本體系就會流行。但本體系不許諾（物質）利益。我們
很難指望人們喜歡，因為沒有人願意放棄幻想。只要本體系的觀念
不被人曲解，就絕不會流行，因為人們不會承認自己在昏睡，也不
會承認自己是機器。自命不凡的人總是反對這個觀念。

閱讀這一段，人們彷彿聽到老子在沉吟：「為學日益，為道日損，損之又
損，以至於無為。」

鄔氏又說：我們的生活常態，都是機械性（「習氣」、「習慣」）的，也全都
在反對並阻擾我們記得自己。

他把這個原因說透了，這也是為什麼自古以來，很少有人能夠清醒，或謂
之成道。

只因久視長生窟，煉出陽神現頂門。

要知萬物生皆死，須悟元神死復生。

而修行中在「開關展竅」之際出現的「死亡」狀態，則是對「自我中心」
的一次決定性的摧毀，這一次的六根震動，當下就把「識神主事」推下了神壇。
讓魏伯陽來講就是「可以無思」，換成乾道卡比爾的話就是：

跟一位聖者在一起一時或片刻，

不，就是再減半的話，

也會滅掉我們無量劫的罪業。

讓大德蘭女修來敘述她的經歷就是：

這些巨大的衝力，伴隨著一個劇烈的痛苦。隨之而來的，則是
在這愛情之火中，靈魂逐漸焚燒著自己。很多次，恍惚之間，一下
子，我不知道從哪裏，也不曉得怎樣的，便有強力的一擊，或者像
火箭一樣的射中……在這個折磨人的期間，頭腦是失憶的，感官被
束縛了。一切掙扎都是徒勞的。祂奪去她的一切認知能力，竟使她
不知道正享有的至福。縱然靈魂的至深喜樂，就是看到自己在祂的
身前，但是在祂要與她結合時，她便失去了知覺，一切思想，被禁
止了。

上帝搵住她的眼睛，以便靈魂看見祂所賜予的聖寵。從她一被引入這個大殿中央，三位使用一種理智的神見或真理的表示，將自己顯示出來，那就是一團不可比擬的光芒。她原來聽說這三位是不同的，在登堂入室後，她才知道三位只是一體，一個能，一個智，一個主。

憨山大師說：

三千諸佛，皆吾本師開導。法味既同，而同一禮故。則諸佛法身入我性，我性同共如來合，如鏡交光，互相攝入。實借多佛之慈光，消我多生之積罪，又奚止赫日消霜露哉。十日並出，大地焚燒。三千佛現，罪垢頓滅。不待求證，而必信無疑矣。觀者但自求出苦之心真，信禮佛滅罪之功大，而不必計作者之與否也。特序之，以為真修者勸。

——《千佛懺序》

三位前輩老修行所說的「聖者」、「上帝」、「三千諸佛」，或者「祂」，用丹道的術語就是先天一氣、小藥、大藥（元神）。後面的事，用白話說，防止識神在「後天」的死灰復燃，就是「性功」的一個主要功課，所以紫陽真人以佛論來結束他的「南宗祖書」。「人須在事上磨，方能立得住，方能靜亦定，動亦定。」這是王陽明特別有味道的一句話。陸澄問王陽明：「太平常，便感受心境泰然，但一遇事便感受不一樣了，怎樣辦呢？」王陽明說：「這是只曉得靜養，不曉得做克除私心邪念工夫的緣故。」

在（呼吸）「掛了」之後，那些人性中的東西，與生俱來的「習氣」，依然在那裡「掛著」，如果沒有經過「損之又損」的刻苦錘鍊，你想讓它想變戲法一樣從「心」中「掛了」，那是不可能的。六祖言下開悟，不是又做了十餘年的「保任」工作嗎？

佛說「放下屠刀立地成佛」，他在給惡人一個從善的機會！否則老好人要經過九九八十一難才能成佛，呵呵，公平何在？

是謂「悟後起修」是謂「理可頓悟，事須漸修。」

曾經，看山是山，看水是水。

後來，看山不是山，看水不是水。

識神退位了，一切熟悉的東西都令人感到陌生。

這也代表了您的「禪有悟時」。

　　日常生活中，我們常常步入「禪」意，但是，應該說說絕大部分時間又離它很遠。

　　你出去打醬油，在蒼茫的人海中，被同桌的她喊出了你的名字；你出去驢足，在蒼茫的群山之巔，看雲開霧散、日出日落；你去銀行取款，一看多出了好些張，哦，那些無數的瞬間，我們的每一個驚喜和歡愉，雖然它們尚不具備把「識神」推翻的、那個叫做「開悟」的力量，但是不要懷疑，那就是禪意，就是「得道」的覺受，那些能順勢而行就是「上士」了，要是能在日常隨時出現隨時把握，而且能在其他的生活狀態中不離這個，那就是個「老修行」了，高僧說「老夫四十年方打成一片」。

　　崇信問道悟禪師：自從到了和尚門下，從來沒有蒙受和尚開示什麼。

　　道悟答覆：自從你到我門下，你來此後，我不是每天都在開示嗎？

　　道悟又說：你端過茶來，我為你接過來，你送食缽過來，我為你受過來，你合掌行禮，我就低頭致意，你說這哪一處不在為你指示心要啊。

　　崇信聽後，陷入沉思。

　　道悟說：見則直下便見，才要思慮時，那就差了。

　　龍潭「當下開解」，又問：如何護持這一境界呢？

　　道悟又告訴他了「保任」之道：任性逍遙，隨緣放曠，但盡凡心，無別勝解。

　　在《宋高僧傳》中龍潭崇信的傳記部分，道悟答語裏的四個字，「時時相示」被德山宣鑒繼承後，就是「無心無事」，隨緣任性。在古德禪院開堂，德山有如下一段宣示：

　　　　若也於己無事，則勿妄求。妄求而得，亦非得也。汝但無事於心，無心於事，則虛而靈，空而妙。若毛端許，言之本末者，皆為自欺。何故？毫釐繫念，三途業因。瞥爾情生，萬劫羈鎖。聖名凡號，盡是虛聲。殊相劣形，皆為幻色。汝欲求之，得無累乎？凡其厭之，又成大患，終而無益。

　　溈山見過德山後，預言式地說了一句：「此子以後向孤峰頂上盤結草庵，呵佛罵祖去在。」為了破除人們對經教名相的執著，德山確實如溈山所說的那樣，呵佛罵祖，貶斥經教。有一次上堂開法，德山說了一段讓禪門震驚的話：「人們出家，都參佛拜祖，我的先師們則不這樣認為，這裡既無佛，也無祖。達摩是老臊胡；釋迦老子是乾屎橛；文殊、普賢是擔屎的漢子；等覺、妙覺這

些所謂的因果圓滿，都是破除了人我執、法我執的凡夫俗子；菩提、涅都是拴驢的橛子；十二分教典都是閻王小鬼的生死簿，揩拭膿瘡的手紙；四種果位、三種賢能，從初發善心到十地修行的菩薩、羅漢們都是些為人看守墳墓的活鬼」。

終於惹得連日理萬機的皇上都要專門抽時間來批評一下：「德山宣鑒，平生語言無可取，一味狂見恣肆……如市井無賴小人詬誶，實令人驚訝，不解其是何心行？」

兩者只有一步之遙，起決定作用的，就是你「識神體系」中的概念、邏輯，還有世界觀——這些「下意識」中的東西。

曠放是曠放了，任性是任性了，不再美哉。

角兒喝到了不省人事，佛教的禪宗至宋收場。

普庵禪師留有一首絕唱，意味深長：

> 打折達摩西來腳，莫令有誤本來人。
> 當處得心非向背，九年面壁寂光明。
> 庭中立雪憨癡漢，海裏口乾渴愛津。
> 如今大有心顛倒，夢寐胡謅學道人。
> 且向自心中體究，於斯如實更證明。
> 須觀古德皆如是，萬莫瞞心自發輕。
> 誑謗定招無間業，未全本覺且依經。
> 修竹未了身依口，莫學提綱沒量人。
> ……

常常是，我們不能做的「止於至善」，不能維繫其在「止止」的狀態，不能做到「應無所住而生其心」。呵呵，「雲遊」結束，很快人們丟棄了「自己」，就回到了「五濁惡世」中，西裝革履髮型講究人模狗樣地以各種角色出沒於滾滾紅塵，在迎來送往中討生活了。

常常是，大多人學道之初就不知道修行是在修什麼，就是修理《西遊記》裏的孫行者啊，修到遇事無惱，處喧無惡，修到「真常需應物，應物要不迷」才算入了門。而大多數是在追求得氣通督，這些都是「性功」的附屬物，你有多高的心性修養，才會有相應命功顯現。所以才有「大道隱於市」說，就是說修行莫若在紅塵中歷練，在生活中脫俗。

常常是，學人略有所得，便覺得自己「與眾不同」和「出類拔萃」了，這

個時期的學人特別喜歡教人學道，特別好為人師啊哈哈。這些東西在常人眼裏可為「神奇」，但你自己卻不能以為「高貴」，要把它置於平常心中反覆錘鍊，錘鍊到和「自然」渾然一體，沒有不自然的地方。如《陰符經》說，「人知其神而神，不知不神而所以神」。即常人以為神異的，道者應習以為常。就像魚兒游動於湖泊而不知，萬物呼吸吐納於大氣層而不覺。《陰符經》曰：「人以愚虞聖，我以不愚虞聖；人以其奇期聖，我以不奇期聖。」

這就是洞山良價禪師說的：

> 恁麼道即易，相續也大難。
>
> 嗟見今時學道流，千千萬萬認門頭。
>
> 恰似入京朝聖主，只到潼關即便休。

就是大顛和尚說的：

> 古云：「古骸俱潰散，一物鎮長靈。」經云：「我有無價寶珠，繫在衣裏。日夜推究，忽然而見摩尼珠，人不識，如來藏裏親收得。」然雖如此，見道易，守道難。要見此珠嗎？朝看雲片片，暮聽水潺潺。

就是蘇非長老魯米說的：

> Some invitations to leave home are dangerous.
>
> Joseph left the protection of his father.
>
> "It will be exciting," said the brothers.
>
> Never leave the Friend for amusement, or money.
>
> The treasurer himself offers to increase your investment a hundred times,
>
> but it involves leaving a friend of God.
>
> Don't do it.
>
> 有些外出的邀請很危險，
>
> 約瑟離開父親的保護。
>
> 「一定會很刺激，」他的兄弟們說。
>
> 決不為了娛樂或金錢而離開「朋友」。
>
> 財神提供獲利百倍的機會，
>
> 但它包括離開神的一個朋友。
>
> 千萬別做！

就是鄔斯賓斯基說的：

> 在日常生活中，當你在想事情或在談話或在工作時，每樣事物都會令你分心，於是你不能記得自己。一種情感瞬間會使你感知「我存在」。如果你發現自己在一個出乎預料的地方，你就會有「我」和「當下」的感覺。在不尋常的境界中，你想起你自己的存在。不過，在尋常情景下，我們老是忘記。

古往今來的修行「達人」都異口同聲說這個事很「難」辦得善始善終，對於我們這些平庸之輩，如果懷揣著「沒吃三天素就想上西天」的心態，何不及早收手，去把娶妻生子光宗耀祖的人倫之事做好呢？所以，弗洛伊德的話要贊，「生物性即命運。」修行的本質就是在和物種基因中的「生物性」的一場拉鋸之戰、改變「我命由天不由我」為「我命由我不由天」的命運之戰，吾人之身心就是那個「你死我活」的、「為有犧牲多壯志，敢教日月換新天」的戰場。

那種在「識神退位」後對「身心」的掌控能力、無為之為，就是一種很深的「思想修養」，就是「骨子裏的東西」。落實在實修上，就是「下意識」——「自然」——「上帝」——在起著作用，所以說對於修行而言，「窮理」和「感悟」，「知」和「行」，這是一個相當艱辛的，又不可或缺的頗傷腦筋的交疊循環的工作。

「一分真偽，而古書去其半。」我想，亞聖如果沒有受過傷，他是說不出「盡信書不如無書」這種話的，換成今天的白話就是，「讀死書死讀書讀書死」！落實在修行這個事兒上，如果學者不能正確地理解一些「神學」化的概念，呵呵，那就不好說了。舉個例子吧，讀《老子》我們看到的是「君子以厚德載物」的風範，看到的是天與地、道與德的渾然之象。很「多尋仙問道」的同學，一生都耽溺於「真傳」和「口訣」的尋找中，而沒有發現《老子》中的「清靜無為」嗎？丹道在經過開關展竅的「雷鳴電閃」之後，在「煉神還虛」這一層面上，道者一定呈現出來的是「清靜無為」的姿態。「飄風不終朝驟雨不終日」，這種自然現象，雖天地所為，但不會長久。天地尚不能持久，何況於人呢？別忘了，人類是靠散發熱量而活著的，是靠釋放能量而快樂的。不要太高估了自己的「排氣量」，油門踩到底的結果往往是很慘烈的。

就像我們說不清《老子》、《莊子》是文學作品還是哲學作品，不同於中國的這種文史哲不分家，西方的傳統是，哲學和文學是獨立的。因為他是一位哲

學家，所以鄔斯賓斯基有一段話，把他的神學師傅不想說的也說了出來：

　　　　高等狀態不會持久，它們只是一閃而過，說它們持久，那是臆想
　　的。這是很明確的，因為我們沒有（持續的）能量來維持高等狀態。

Do not allow yourself to be impressed by strong personalities.

　　葛吉夫這個句子標準化的譯文是：不要被性格強烈的人左右了。

　　如果請德謨克里特來翻譯，就是：快樂就是生活的目的，憑激情不能實現，節制與修養才是獲得快樂最好的途徑。

　　如果請弗洛伊德來翻譯，就是：在人類歷史上，智者的共識是人類的確存在著精神問題。不像其他動物那樣，精神健康是其本來狀態，人類是因為病態才被視為正常——心理病態是人類生活不可缺少的部分。或者他也會說出這樣的意思：像「愛情」一樣，過激情緒是一種短暫的病態反映，是一種人類所特有的本能情感的宣洩，這是病，得治，不治會癌變的。如果尼采看到了老情敵的人生悲劇，他或許會說：藥不能停！藥不能停！藥不能停！重要的話說三遍！

　　用時下的語言來翻譯，就是：珍惜生命，遠離渣人。

　　葛吉夫教育女兒這些肺腑之言很有意義，可以放之四海，尤其是在修行之道上。

　　　　Do not adorn yourself with exotic ideas.
　　　　不要用奇異的言行來裝飾自己。

　　　　Make no useless movements or sounds.
　　　　不做無益之舉，不說無益的話。

　　　　Never contradict; instead, be silent.
　　　　永遠不要反駁，要學會沉默。

　　　　Look directly, and do not hide yourself.
　　　　看著他，不要低頭。
　　　　或：不要盲目崇拜。
　　　　或：懷疑一切。

　　　　When you perform a service, make your effort inconspicuous.

　　這一句如果請老子來翻譯，就是：大巧若拙、大辯若訥、大勇若藏、大智若愚。

　　如果請孔子來翻譯就是：溫、良、恭、謙、讓。

如果請三國魏人李康的來翻譯有些消極：木秀於林，風必摧之；堆出於岸，流必湍之；行高於人，眾必非之。

要是把主席的翻譯請來，沒有誰能比老人家說得如此形象生動了：要夾起尾巴做人。

呵呵，大佬甚至還叮囑孩子：

Do not have your photograph taken with famous people.

當下是內在的經歷，用外在行為予以演繹時，就是弄巧成拙。

它也不是一個觀念或一種情緒，它是一種局外之人不可見的、獨立的、無言的、「神」、「炁」混合物，是一種獲得了足夠能量的「真人」或「如來」。如果聽起來就像一些超乎人類成就的玄學，那換一種說法，它其實就是一種整合的、簡單的自然狀態，是與不可衡量的、不可思議的、不可摧毀的事物——「道」——一體的。佛陀把「當下」定義為「苦難的終點」（the end of suffering），這個定義即好且妙，好在沒有超人類的觀念存在；妙在它其實就是你自己，然而它比你更單純！

當下不僅僅是各種苦難和身心衝突的終結，也是思考的終結，這是一種不可思議的解脫。笛卡爾思考「我思故我在」時，已經走到了真理的門外。如果恰在門口他碰到正蹲在那裡曬暖的 Osho，恰巧這位印度大神正在念叨一個很有意思的句子，「你若不是活在當下，就是在思考。活在當下就是開悟，思考就是錯過。」他只需要放下思考，一敲門，或許就「進去」了。然後，就遠離了那個他一直「懷疑」著的、然而又很真實的，一個充滿了矛盾和衝突的瘋狂而複雜的世界、一個映像在我們大腦中越來越分裂的世界。

當下就是轉身處，以「身死」來「表示」對認同和習慣的決裂，修行文化所謂「活在當下」。

雖然用「死亡」來寓言這個狀態，在實修上並非如此「慘烈」，但在文字上是觸目驚心的！儘管如此，也已經成了宗教家的約定俗成。只要有文字描述，就有人會去附會，去聯想，這是永遠也免不了的，也就會有人去人為地去「閉息」，去尋「短見」，成為淹沒在「修行文化」中的犧牲品。

　　　　道生於一復何疑，可以無為可有為。

　　　　萬法本來歸一處，何分正一與清微。

　　　　　　　　　　——翛然子《明真破妄章頌·萬法歸一》

在丹派中，紫陽真人謂之「戰罷方能見聖人」，他的得意門生白玉蟾謂之

「這回大死今方活」，佛說「證生死」。在全真教主王重陽那裡，「活死人」更是把墓穴都挖好了。

掃卻掩埋著歷史的層層塵沙，這個「剿滅」識神的、「你死我活」的過程，就是「修行」。

這種「修行文化」，綿延不斷地出沒於人類文明史中、宗教史中。在不同的地域、不同的文化圈和千差萬別的「語境」中，「海上昇明月天涯共此時」，不管聽哪個大佬佈道、無論它在第幾道裏，只要你懂得，縱然雲遮霧繞，你看，它終歸，還是它：

This state is so simple and unobtrusive that we may at first fail to see its significance. We may even fail to see it at all because presence usually emerges for just a second or two before it disappears again—before it is swept away by imagination.

這種狀態是如此簡單和不引人注目，以至於我們可能無法看到它的重大意義。我們甚至可能無法覺察到，因為通它只會出現在瞬間，然後在它即被妄念和幻想吞噬掉。

We are so accustomed to and comfortable with imagination—with the steady stream of ? I's from our four lower centers —that wordless presence is a foreign experience. We have to be taught how to recognize this state, how to allow it, and most importantly, how to sustain it.

我們是如此沉溺於幻想（「習氣」）——來自四個低等中心的川流不息的群「我」——使得當下成為天方。我們必須學會如何識別這個狀態，如何讓它出現，最重要的是，如何維持它（「入流亡所」、「止於至善」）。

In comparison to the many? I's, presence appears intangible. It seems to be nothing, to not exist. And yet the reverse is true. Wordless presence is the most real thing of all and can become permanent, whereas the many? I's are superficial and fleeting. As the? I's keep displacing each other in a repetitive cycle of imagination, presence can remain poised in a state of divided attention. With conscious awareness, it observes our? I's and our surroundings without analysis, comment, or conclusion.

和群「我」相比，當下看似不可捉摸。它似乎只是幻覺，甚至

不存在。然而事實剛好相反。無言的當下是最真實的事物，而且可以變得持久，反之，群「我」既膚淺又短暫。由於群「我」在幻覺的世界循環反覆（「意識流」），當下則在分開注意力（「下意識」）的狀態中泰然自若。透過有意識的覺知（「止觀」），它只是觀察我們的群「我」和周遭環境（指「念頭」的隱沒），而不分析、不評判也不作結論。

The weakness of presence is that it can at any moment be mesmerized by and lured into the stream of imagination. Unless we know about this, and unless we are prepared in advance with work? I's, presence can stay immersed in imagination for hours, days, weeks, and even months at a time—to the point that we spend virtually all our life in the second state of consciousness.

當下的弱點是，它隨時可能被幻想迷惑而墮落其中。除非我們知道，除非我們事先有防備，否則當下我們就會淹沒在幻想中幾個小時、幾天、幾周、幾個月──甚至我們整個一生都活在第二意識狀態而不能自拔。

The appeal and pull of imagination are incredibly convincing and strong. To repeatedly break away from imagination and establish ourselves in wordless presence, we need great sincerity and determination. Above all, we need to understand that this simple state is the hidden meaning and purpose of life on earth—as objective schools have always taught.

幻想的魅力和牽引是那麼地強而有力。要不斷地掙脫它以便在當下站穩腳跟（「執守太和」），這需要極大的誠意和信心。最重要的是，我們需要明白這個簡單的狀態是天地在沉默無語中隱含的客觀法則。

修行是一件很平常的事，就像一個嬰兒從小長到大的每一天都很平凡，不會總是發生「青春期」這樣的奇蹟，讓那些在此項教育缺失的年代的娃娃們不知所措。「易無思也，無為也，寂然不動，感而遂通天下之故。」修行人在「當下」的、在「靜極生動」的這個質變之後，又慢慢歸於「平庸」。落實於修行就是「大藥」已經失去了「小藥」的「烈性」。誠如老子說：道之出口，淡乎

其無味。真正的聖人的一個特徵是其驚人的謙卑、寧靜、祥和。你所見到的那些「拍案驚奇」，都不屬於「修行文化」，或言行古怪特異的，一般都是這裡，或那裡，存在，或出了問題，尚未解決。圓滿者不會那樣，這是修行文化與人類生活的一個最大矛盾。

而在修行文化內部，孰先孰後，也是一個很激烈的佛道之爭。

「先命後性」、「性命雙修」的內丹學思想開始產生普遍意義的影響，起始於紫陽真人晚年的丹道巨著《悟真篇》，這不僅是對前代丹經作了總結，而且還融禪入道，從內丹學角度對佛教禪宗進行了新的演義。

真人認為，內丹之道，當先修煉金丹使身生質變，再究性理而使心靈超脫，即始於「先命後性」，終於」性命雙修」：

> 丹是色身至寶，煉成變化無窮。
> 更能性上究真宗，決了無生妙用。
> 不待他生後世，現前獲佛神通。
> 自從龍女著斯功，爾後誰能繼踵？
>
> ——《悟真篇》西江月又一首

一方面，與「鍾呂」一樣，紫陽真人對一些「只修性不修命」的佛教修行方式予以了批評：

> 饒君了悟真如性，未免拋身卻入身。
> 何似更兼修大藥，頓超無漏作真人。
>
> ——《悟真篇》七言絕句第一

> 投胎奪舍及移居，舊住名為四果徒。
> 若會降龍并伏虎，真金起屋幾時枯？
>
> ——《悟真篇》七言絕句第二

> 鑒形閉息思神法，初學艱難後坦途。
> 倏忽總能遊萬國，奈何屋舊卻移居。
>
> ——《悟真篇》七言絕句第三

另一方面，真人也對一些「只修命不修性」的「道士」提出了告誡：

> 此恐學道之人，不通性理，獨修金丹，如此既性命之道未修，
> 則運心不普，物我難齊，又焉能究竟圓通，迴超三界？故《經》云：
> 「有十種仙，皆於人中煉心堅固精粹，壽千萬歲。若不修正覺三昧，
> 則報盡還來，散入諸趣。」是以彌勒菩薩《金剛經頌》云：「饒經百

（八）萬劫，終是落空亡。」故此《悟真篇》者，先以神仙命脈誘其修煉，次以諸佛妙用廣其神通，終以真如覺性遣其幻妄，而終歸於究竟空寂之源矣。

——《悟真篇拾遺序》

真人雖然推崇佛教，尤其是禪宗「心即是佛」，「明心見性」即可成佛的觀點。

同時，他又指出這一切必須在金丹大道的基礎上實現的：

虛心實腹意俱深，只為虛心要識心。

不若煉鉛先實腹，且教收取滿堂金。

——《悟真篇》七言絕句第十九

始於有作皆是幻，及至無為眾始知。

但見無為為要妙，豈知有作是根基。

——《悟真篇》七言絕句第六十三

在真人看來，「成道者皆因煉金丹而得」，甚至，佛祖釋迦牟尼及達摩、惠能等禪宗高僧，也是靠內丹而明心的，佛教中真正的、唯一的能使人成就的道路，只有走金丹大道。這一觀點，對明清的伍柳一派，是很有影響的：

釋氏教人修極樂，只緣極樂是金方。

大都色相惟茲實，餘二非真謾度量。

——《悟真篇》七言絕句第四

《悟真篇》中，「道自虛無生一氣」與「嬰兒是一含真炁」，並為「關鍵句」。

《易傳·繫辭上》：「精氣為物。」

《老子·二十一章》：「道之為物……其中有精。」

兩句都是大家之言，不識是誰啟發了誰？

「精氣」二字，作為「（元）氣一元論」的早期概念，從《易經》開始，就被捆綁在一起了。

西漢時，氣又被稱為「元」或「元氣」。東漢時，「精氣」逐被「元氣」替代。

畢竟是，大儒後面有大帝的支持。同時代的道醫巨著《難經》也受到了時代的影響，第一次使用「原（元）氣」的概念，以此為人之生命的根本，由此流行。

同樣，在《老子》中，精＝氣，氣＝精，沒有區別。

他還做了個「沖氣」說，但是即沒有像「元氣」說那樣成為「通用」，也沒有像「一氣」說那樣流行。

「中士聞道，若存若亡。」畢竟是，對於道祖的先天大道而言，此沖氣是只能感知的一片混沌，分化為運動不息的陰陽之氣，陰陽合和而化生萬物，即所謂「萬物負陰而抱陽，沖氣以為和。」

「上士聞道，勤而行之。」張伯端全盤接受了老子這個觀念，可謂根紅苗正。

所以，表面上看，真人是「由道歸佛」了；而實質上，他是「援佛入道」的。

這一點從佛系叢書中，也可以看出來。在《嘉泰普燈錄》中，佛系在編撰了呂洞賓參黃龍的故事後，緊接著就是張伯端參佛經，這個不用編撰，是事實。

而在《嘉泰普燈錄》之後的《五燈會元》、《指月錄》裏，就只保留了呂洞賓參黃龍的內容，把張伯端參佛的內容悉數刪除了。這是因為佛系高明看出來了，紫陽真人雖然尊崇釋迦和達摩、惠能等禪宗高僧，但認為他們的「正果」是建立在金丹大道之上的，如果把他樹立為「由道歸佛」的榜樣，那麼他的那個「先命後性」、「成道者皆因煉金丹而得」的觀點就成立了——這是費力不討好的事，故不為也。

《悟真篇外集·悟真性宗·無心頌》

　　堪笑我心，如頑如鄙。兀兀騰騰，任物安委。不解修行，亦不造罪。不曾利人，亦不私己。不持戒律，不徇忌諱。不知禮樂，不行仁義。人間所能，百無一會。饑來吃飯，渴來飲水。困則打睡，覺則行履。熱則單衣，寒則蓋被。無思無慮，何憂何喜。不悔不謀，無念無意。凡生榮辱，逆旅而已。林木棲鳥，亦可為比。來且不禁，去亦不止。不避不求，無贊無毀。不厭醜惡，不羨善美。不趨靜室，不遠鬧市。不說人非，不誇己是。不厚尊崇，不薄賤稚。親愛冤讎，大小內外。哀樂得喪，欽侮險易。心無兩視，坦然一揆。不為福先，不為禍始。感而後應，迫則復起。不畏鋒刃，焉怕虎兕。隨物稱呼，豈拘名字。眼不就色，聲不入耳。凡有所相，皆屬妄偽。男女形聲，悉非定體。體相無心，不染不滯。自在逍遙，物莫能累。妙覺光圓，映徹表裏。包裹六極，無有遐邇。光兮非光，如月在水。取捨既難，復何比擬。了此妙用，迥然超彼。或問所宗，此而已矣。

一言蔽之，就是一句老子的「大智若愚」。

要是細細道來呢？為何紫陽真人，要以外篇之「性宗」結束呢？

他實在是借助或自制了太多的外在「（形）相」：

嬰兒、姹女，哦——

女子著青衣，郎君披素練……

嗯，是的，他也緊跟著有批註：

> 見之不可用，用之不可見。

但在批註之後，再補一圖：

> 一霎火焰飛，真人自出現。

著相就是把借喻當真了。

呵呵，終究是大聲希夷？還是色相迷人？

佛怎麼說？「一切名想，隨欲而立，不必如義。」

好道之人、迷信之徒，隨便著其一項，中其一招兒，這輩子想治癒，都難……

所以，真人還是慈悲為懷的，從外篇這個統一說明可以看出。

亦或，真人以這種做派，何嘗不是對求道者的一個思想訓練呢？雖然是狠了點。

> 隨物稱呼，豈拘名字。
>
> 眼不就色，聲不入耳。
>
> 凡有所相，皆屬妄偽。

在紫陽真人「跨個金龍訪紫微」的幾十年後，「直接如來正宗」的普庵禪師，也有一首佳作，一道一僧，可為唱和：

> 普庵識心達理，不是胡言亂語。
>
> 教化三千大千，個個透泥入水。
>
> 應無所住生心，更不祭神拜鬼。
>
> 時中淨念法身，何假燒錢化紙。
>
> 不被邪魔所惑，各各盡淘真理。
>
> 亦非夜聚曉散，亦不遠尋山水。
>
> 亦不發願燒香，亦不棄離妻子。
>
> 不咽眾生血味，便敬六親九祖。
>
> 誓不飲酒猖狂，不入牢獄苦楚。

見利便不干心，處處如欽父母。
你爭無明人我，我自無可作做。
修橋補路隨緣，身作山河國土。
供養大地含靈，上願皇圖永固。
時時風調雨順，日日民歌樂舞。
皆因自性天真，永不入他門戶。
如今一物無求，不著邪魔祛使。
不離當處湛然，運水搬柴佛事。
何須找鐃擊鈸，豈用槌鐘擊鼓。
鐃舌合掌歸依，早被參方取怒。
只心普遍蓮花，何異西方淨土。
自古本自無迷，今本何曾有悟。
設有三乘五教，也似添鹽和酤。
生死涅槃如夢，佛說無所作做。
更問達摩西來，他亦別無門路。
直指人心是佛，不可更移一步。
才有絲髮是非，便入魔家邪戶。
死中得活之人，諸佛龍天守護。
斬釘截鐵丈夫，這個凡夫了事。
如今人贊神欽，萬劫群靈仰慕。
到此若不迴心，豈識摩尼寶庫。
自利利他不竭，經劫且無怕怖。
披雲嘯月吟古風，透石穿山談正法。
只個心如巧畫師，只個身如無縫塔。
東村老婆是我娘，爺是南門張大伯。

——普庵《達理歌》

爺，古指老爹。

錯了，禪師不姓張。

同行說沒錯：

俗不知名，僧不在數。
佛祖隊裏不容，眾生界中不住。

　　白手操戈，赤身露布。

　　怕死入地無門，要活上天無路。

　　都道是沒伎倆的阿師，誰知是不識字的大措。

——憨山《自贊》

不是禪師記不得他的俗姓了，只緣爹媽生的那個，已經掛了。

修行人又被天地生了一回……

不知道我說明白沒有？聽高僧說法：

　　性天雲淨月輪孤，身世何須問有無。

　　但得塵緣蹤跡斷，不勞名字掛江湖。

——憨山《示鄒生子胤十首其一》

嘖嘖，同行可是坐著白牛車，衣錦還鄉的。

　　靈山一會費商量，四十餘年久覆藏。

　　今日通身全吐露，分明只在一毫芒。

　　閤門緊閉不通風，多少躊躇歎路窮。

　　不是輕勞彈指力，安知里許量如空。

　　窮子歸來見父時，此心相委信無疑。

　　縱將寶藏全分付，若不掀翻總不知。

　　無邊剎海總蓮華，可歎從前盡數沙。

　　君向毛頭親點破，自今常御白牛車。

——憨山《答雨法師寄法華新疏》

普庵呢？

還有他給張大伯都帶的啥子？

大顛知道：

　　撒手到家人不識，更無一物獻尊堂。

　　現代大德元音老人，有一段從佛學角度詮釋「大智若愚」的白話，是對《佛法修證心要問答集》第九十問的答覆，也以此「借花獻佛」，與同志共勉：

　　做工夫一定要注意，第一步，身心世界一切化空，定慧具足，才能親見本性。沒有這第一步，後面的工夫就做不到，第二步，要保護這個佛性，保護它不要沾黏境界，不跟境界跑。保熟了，就不要保，須忘記保。第三步，放任。就好比孩子長大了，不要大人管著他了，他可以自立了。最後連「任」也沒有了。佛性本來如此，

—800—

工夫是一層層做上去的。我們開悟見性了就到家了嗎？沒有，不要糊塗，那只是初步。六祖大師聽人念《金剛經》就能悟道，這麼好的根基，他在五祖處悟道後，還要到獵人隊中隱藏十五年，在境上磨練自己。就是說我們雖然見性了，但是多生歷劫的習氣還在，執著習氣還有，還會動心。所以，要悟後起修，一定要把這個思惑——對境生心的迷惑、貪嗔癡等打掉，這樣才行，才能了生死。難道我們一悟道就行了？不行。趙州大師根基也非常好，但他悟道之後還要四十年的保護。他說得很清爽，老僧四十年，除二時粥飯無雜用心。所以禪宗說三關，不是假設的，真有這工夫。見到本性這是初關，即破本參。進一步到第二關——重關，就是要做保護的工夫。保護到連「保」也沒有了，就出重關。這時對好的境界不喜，不好的境界也不煩惱，順逆無拘，很自在逍遙，那就是出重關。出了重關還要向上，還有末後牢關。就是做工夫做到完全無為的地步，發大神通，大光明，朗照十方世界都無所住。儘管大神通完全齊現，也不作神通想，一切都不可得。所以說，路途就是家舍，家舍就是路途，能入佛亦能入魔。真正到家時，末等於初。開始時，什麼都不知道，最後是大智若愚，也等於不知道一樣。它沒有什麼知道，沒有什麼神通妙用，不執著一點點。

6

有個傳統的看法，儒釋道是中國傳統文化的組成。

而我們閱讀學習傳統的順序，應該是儒、道、釋。

歷史上凡有建樹的高道大德，多係儒生出身，紫陽真人也是如此。

儒家文化是他們的基礎、底子、童子功。

道家的放在佛學的前面研讀參悟，佛學就非常具有趣味性了。

丹派大師已經把佛教的「活死人」、「無根樹」等等諸說，在（所謂的）「命功」層次上，詮釋得無比通透。

而把佛系叢書放在第一閱讀的位置，再去市面上聽一些亂七八糟的「法師開示」的講座、沙龍之類，思想不掉進泥坑的不多，也有說大長智慧了的，都得祝賀一下啦：你是上根大器。

想起有一位小友來，他是走過丘處機西行路的。有一段時間，也許是去聽

了一場講座，他對佛教產生了莫大的興趣。

一天，他發給我一段推文：青青翠竹盡是法身，鬱鬱黃花無非般若。這句話誰都能說嗎？《大珠慧海禪師語錄・卷下・諸方門人參問語錄》：講華嚴志座主問：「禪師何故不許青青翠竹盡是真如。鬱鬱黃花無非般若？」師曰：「法身無像，應翠竹以成形；般若無知，對黃花而現相。非彼黃花翠竹，而有般若法身，座主會麼？」曰：「不了此意。」師曰：「若見性人，道是亦得，道不是亦得。隨用而說，不滯是非。若不見性人，說翠竹著翠竹，說黃花著黃花，說法身滯法身，說般若不識般若，所以皆成諍論。」志禮謝而去。

是的，不是誰都能說的，高僧說「一粒破時全體露。」只有在對「道自虛無生一氣」有了身受後，才能說它。

把「中國的根柢全在道教」換一個說法吧：「佛教的根底全在婆羅門教（的經典《吠陀》、《奧義書》）」。

如此，這樣閱讀佛系叢書，就比較合理、合情：

先找到波斯-雅利安人對密特拉崇拜這個源頭，再到印度-雅利安人的婆羅門教的密多羅崇拜中，深入觀察一番，很容易就明白佛教之彌陀崇拜，根柢在哪裏了。

或隱或現地穿越人類文化千萬年的一種實質，從沒有變，一直是，人類祖先對太陽的崇拜。

舉個例子就容易理解了：

一位在高山峽谷，以「拜日式」並頌持 OM 音流的印度教瑜伽隱士，和一位跏趺於深山古剎中念誦阿彌陀佛的淨土高僧，或者是那位面壁不語於嵩嶽身份難說的禪宗初祖，他們的修法，在實質上沒有任何區別。

「婆羅門教固然是以太陽為崇拜對象的」，有法師就站出來了：「那是外道的東西，我佛正法斷無此說！」

坐下來了大師傅，吃茶啊。

首先做人不能忘本哈，佛教之於印度教，可謂「青出於藍」也。

其次，佛說得已經口渴了，只是你福德沒有攢夠，或者說，和尚尚且深深地沉溺於法障（知見障）而不能自拔，聽不懂他老人家的說法：

鳩摩羅什譯《阿彌陀經》說，因為他壽命無量、光明無量，故名為阿彌陀。

如果沒有感覺到，這是古人在很含蓄地在歌頌紅太陽，這不怪你。

看了《大阿彌陀經》說，禮敬阿彌陀佛，應當「向落日處」。

有感覺了嗎？參丹家狀元的心契：

> 日輪浮動義和推，東方一軋天門開。
>
> 風神為我掃煙霧，四海蕩蕩無塵埃。

——《曉光詞》

再看《觀無量壽佛經》的十六種觀法，第一觀就是古代婆羅門的修法：

從日觀起手，依次是水觀、地觀、寶樹觀、寶池觀、寶樓觀、華座觀、像觀、真身觀。

然後，是觀阿彌陀佛、觀音、勢至等，阿彌陀佛依正莊嚴即依此顯現。

看似很複雜，其實是從觀（一）陽（起）以凝神，凝神入炁穴。

於炁穴玄竅中，釋放先天妙有，即實相非相之無根樹、庭前柏、琉璃佛等等、等等。

還要說透達摩老祖的「壁觀」法門嗎？

嗯，又說到達摩了，這是一位很有故事的人。

達摩老祖在中國的知名度，不在如來佛之下。

這個來歷不明者的身世，最能代表印度人（及其宗教文化）的來歷：

同時代的《洛陽伽藍記》說是「波斯國胡人也」。特別說是「起自荒裔」的「沙門」胡人，即佛教謂之的「外道」。

稍後的《續高僧傳》說「菩提達摩，南天竺婆羅門種。」

兩則簡歷不經意之間，道出了印度人的族源問題：

南亞人的根，原來在中亞。再向前追溯，就到南俄草原了。

篩掉神話故事的虛構成分，現在科學界公認的雅利安人起源於俄羅斯烏拉爾山脈南部草原上的一個古老民族。古代雅利安人遷移至中亞的阿姆河和錫爾河之間的平原上定居下來，這些人被稱為雅利安-旁遮普人。大約在公元前 14 世紀，雅利安-旁遮普人中的一支南下進入南亞次大陸西北部，稱為雅利安-旁遮普人-印度人，這就是印度古代文獻中所稱的雅利安人；另一支雅利安-旁遮普人則進入伊朗高原地區，稱雅利安-旁遮普人-伊朗人。雅利安-旁遮普人-印度人向南驅逐原著民，創建了吠陀文化、建立了種姓制度，和婆羅門教，最終古雅利安人和古達羅毗荼人融合成了今天體徵獨特的南亞次大陸（印度）人。

就像遠東處於中國文明的輻射範圍內一樣，北印度很早就位於雅利安文化的輻射區域內。從釋迦牟尼的時代，到近代的莫臥兒帝國，波斯文化（包括

宮廷集權制度、軍事技術和語言，甚至農業和絲織業）都是王朝統治的根基。除了希臘人佔優勢的希臘化時代外，幾乎沒有空窗期存在。一位阿拉伯帝國（阿拔斯朝）的哈里發（母親是波斯人）曾這樣說過：在波斯人統治的千年裏，他們不需要我們阿拉伯人；我們統治波斯人一兩百年，卻一時一刻都離不開他們。不僅僅是波斯的地理位置非常重要和物產富饒，更多的是雅利安-波斯文明太讓人著迷，很多強大的帝國都要在波斯這個平臺上運作，就像中國古代的得中原者得天下一樣，那些外族在征服波斯之後，往往都變成了這個文明的繼承者和發揚者。

尤其是上古時代，雅利安人摧毀了四大文明古國中的三個：古巴比倫、古印度和古埃及。波斯帝國的創立者居魯士和大流士都在銘文中稱自己是雅利安人，由於這一段輝煌歷史，後來許多國家和民族，包括納粹，都宣稱自己是雅利安人的嫡系。受過嚴格的學術訓練（的納粹老黨員格倫德曼（學術諮詢委員會主席）更以前輩的「胡化說」證明了，「雅利安人耶穌」以戰勝猶太教為一生的志業。在東方，巴列維王朝時「波斯」改名為伊朗，原因之一是 IRAN（伊朗）本自源於 ARYAN（雅利安）。

請拎直了舌頭，快速地讀「雅利安」，「伊朗」的古代發音就出來了。

雅利安人的信仰是太陽神教，阿拉伯人稱拜火教，我國稱祆教。

雅利安人取太陽神的圖騰卍為幟記，即使他們遠走印度的時候，也被「佛陀」貼心地掛在胸前、緊緊握在手心裏了。

丟不得啊，這就是印度文化的根源。

是婆羅門教的根源，也是佛教的根源。

這個符號後因阿道夫而舉世皆知，所以今天的老歐洲們見到這個標誌，感覺到的應該是一陣徹骨的寒意襲上心頭，而不是脈解心開和「心花怒放」。

而現代基因學告訴人們，以雅利安人自居的阿道夫夢想要消滅的那些「低種姓」斯拉夫人（俄羅斯、烏克蘭、波蘭），才是真正的雅利安人的直系。

人類是不是也太搞了？

斯拉夫人擁有雅利安人的染色體不奇怪，因為斯拉夫人現在所生活在的東歐南俄，正是古雅利安人西支的活動區域。

只是，這些雅利安人的子孫現在信基督了，而他們先人信仰的，就是拜火教、婆羅門教。

雅利安人的另一隻波斯人，在公元前 6 世紀，就建立起了人類歷史上第一

個橫跨歐亞非的國家。就像中國文化主導著東亞一樣，古代波斯文化，一直是中西亞的主流，那些國名尾綴「斯坦」者，包括「印度斯坦」的人們，還知不知道這是出自波斯語呢？即便在則被阿拉伯人用彎刀逼改了信仰後，也是如此，波斯文化之於阿拉伯人，就像希臘文化之於羅馬，儒家文化之於滿清。所以縱然在一個信仰之下，波斯人也很是不爽被人統稱為阿拉伯人，兩伊自倭馬亞王朝到阿巴斯王朝直到二十世紀，曾經互掐得慘不忍睹。

南亞也如此，（北）印度很早就位於雅利安文化的輻射區域內。從釋迦牟尼的時代起，到近代的莫臥兒帝國，波斯文化，包括宮廷集權制度、軍事技術和語言，甚至農業和絲織業，都是王朝統治的根基。所以縱然同為雅利安的後裔，印度斯坦與巴基斯坦因為選擇了不同的信仰，現在也解決不了邊境問題。

從這一些個生動的例子上，我們就可以看出，民族、宗教問題，將會貫穿全部人類文明史。

尤其是宗教現象，其法力之大可以超越種族，比如阿拔斯王朝的基本盤，無論文武（巴爾馬克家族／呼羅珊軍團）都是波斯人，而信教之後呢，復國意識也就喪失了。

宗教既可以帶來和平共處，也可以引起內訌動盪。甚至令父子反目、兄弟成仇，這個可以到蒙古帝國史裏去看看，比比皆是。信仰基督教（聶思托里安教派）的旭烈兀在巴格達屠城以後，令他的在金帳汗國為汗的飯依了伊斯蘭教的堂兄憤怒異常，不惜兵戎相見，導致兩個蒙古國家形成血海深仇，在外高加索地區兩敗俱傷的戰事竟斷斷續續持續了一個世紀之久。

遠了。時下，我國政府地提出：宗教要本土化，融入中國文化共同體。這一理念是高瞻遠矚的，也是任重道遠的，這是一個國家著手軟實力建設中的重要一環。

研讀任何一種文化，都要從其歷史和文化背景下起步。這樣避免我們一頭落入書中，古人老早就有深刻的教訓，「盡信書不如無書」。

在考察一種文化現象的起源時，我們的視野就如鏡頭在拉遠，遠距離觀察事物，雖然細節是模糊的，但是整體是清晰的。在這個基礎上，才好展開對細節的賞析。古人對此也甚有感悟，「不識廬山真面目，只緣身在此山中。」

這裡以佛教為例而不以道教為例，是因為前者的「人生」經歷太複雜，它的故事和世故遠多於後者。把它的前身今世說透，剝落它神學的外衣，裏面不盡的養分才真正有利於人們消化、吸收，或涼拌、或蒸煮，隨心所欲，成為可

食之物。

那一個倔強小夥前去問法，你試試他是不是道器、能不能擔當，也無可厚非。

又何必把人難為的「斷臂求法」呢？就告訴他「凝神調息調息凝神」唄。

我一直不明白那個小夥兒是怎麼活下來的，在沒有抗生素的古代。

然後，再把鏡頭拉回來，換在「顯微鏡」下觀察。

《觀經》從起初日觀至第七華座觀，總明依報；從第八像觀至第十三雜觀，總明正報。

依止之身外諸物，謂之依報，「為正報之土」。這種初步之觀法，與道教「意守丹田」異曲同工。區別在於，中國人的傳統是崇尚簡明扼要，慧遠老早就看到了印度人的囉裏囉唆。

正報在佛經中是什麼呢，就是指吾人的心（境）。

脈解心開時，道謂開關展竅。剎那之間，學人之心境猶如「洞天石扉，訇然中開」，依報隨正報隨之而轉，「會萬物為自己」。《楞伽經》曰「生及與不生，涅槃空剎那，趣至無自性」。《肇論》謂「至人空洞無象，而萬物無非我造，會萬物以成己者，其唯聖人乎。」

善哉，「會萬物為自己」。外部世界與內部世界融會貫通，也就無所謂內外了。竺法護之「天見人，人見天。」僧睿以為「人天交接，兩得相見。」羅什稱善。法藏曰「顯一體」。

於是乎，一切山河大地、園林花木、各樣形器等等，皆入胸懷、無一其外。慧遠歎息「繁穢」老子說那就「三生萬物」好吧。

一時間，在自我感覺上諸如氣貫長虹、道合乾坤、頂天立地、氣吞山河、包羅萬象，不一。佛曰「遍及一切處」，道曰「出神入化」、「天人合一」，孟子曰「浩然之氣充塞天地」、莊子曰「天地與我並生，而萬物與我為一」，僧肇曰「天地與我同根，萬物與我一體」，道生曰「青青翠竹盡是法身，鬱鬱黃花無非般若」，紫陽真人曰「不移一步到西天」，象山先生曰「吾心即宇宙宇宙即吾心」，印光法師曰「全心是佛，全佛是心，心外無佛，佛外無心」。眾說紛紜，皆一意也。

還得注意，這是一種獨特的「自我感覺」——「照見五蘊皆空。」

此時此際，六根脫落、天地頓失，吾已喪予，何來「分別」哉？

照見五蘊皆空。

「五蘊」者，色、受、想、行、識。此五蘊因執色身有我，故長劫輪迴。若就今生人身，依此修行，常自返照，照見五蘊淨盡，清淨本然。淨裸裸、赤灑灑，沒可把。四大五蘊，名字皆不可得。古人到此，名曰「蘊空法」。

西天賓王問師子尊者曰：「在此作什麼？」尊者答曰：「在此蘊空。」王問：「得蘊空法否？」尊者答曰：「已得蘊空法。」王曰：「求師頭得否？」尊者答曰：「身非我有，豈況頭乎！」

僧問岑和尚：「二鼠侵藤，如何淘汰？」岑曰：「今時人須是隱身去。」僧云：「如何隱身？」答曰：「道者還見奴家嗎？」

肇法師云：「將頭臨白刃，猶如斬春風。」

舍利弗見天女，問：「何不變卻女身去？」天女答曰：「我十二年覓女身，了不可得。教我變個什麼？」祖師到此田地，皆得蘊空之法。

鏡清和尚住院三年，本院土地，要見師顏不能得。

弘覺和尚住庵，天廚常送食。及再參洞山後歸庵，天神三日送飯到庵，不見庵主。庵主只在庵中，為甚未見？參！

從上祖師皆得圓頓之法。這裡一一透得荊棘過，萬象之中獨露身。為人自肯，乃方親到這田地，自然休歇，自然放下，如紅爐上一點雪。

良久，云：會麼？只見六龍爭戲舞，誰知丹鳳入雲霄。

——《摩訶般若波羅密多心經唐大顛禪師寶通注》

故而，黃花、翠竹之說，很有詩意。但是，勿要刨根問底了，它沒有任何「思想」在內，純純的「直覺」、「超覺」。王陽明年輕時讀到朱熹的「格物致知」學說，曾格了七日七夜的「物」，希望格出「一草一木，皆涵至理」之理來。「深思其理不得，遂遇疾。」精神可嘉，方法錯了，「勞思致疾」，病得不輕。這個物很有意思啊，《老子》的「恍兮惚兮，其中有物」和「有物混成，先天地生」之物，乃「寂兮寥兮，獨立不改，周行而不殆，可以為天下母。」他是於內觀反省之靜篤中所見的「物之初」、「天下母」，這是一般的物嗎？！「吾不知其名，字之曰道。」而年輕時的王陽明是在外面確定眼神，格形下之器物。這段少時經歷其實影響了他一生，比如他對道家丹派

的「長生」說，亦復同解，嗯嗯，「悟真篇是誤真篇」。否定道教說後，便一頭沉溺於了禪宗的心性說中去了。但是彼佛之「鬱鬱黃花無非般若」與此儒之「一草一木皆涵至理」一樣，都是「道在屎尿」的另外一種說法。還好，陽明格的是竹子。

《祖庭事苑》五曰：「道生法師說：無情亦有佛性。乃云：青青翠竹，盡是真如。鬱鬱黃花，無非般若。禪客問南陽國師，青青翠竹盡是真如。鬱鬱黃花無非般若。人有信否？意旨如何？師曰：此盡是文殊普賢大人境界，非諸凡小而能信受，皆與大乘了義經意合。故華嚴經云：佛身充滿於法界，普現一切眾生前。隨緣赴感靡不周，而常處此菩提座。翠竹不出法，豈非法身乎。又經云：色無邊故般若亦無邊。黃花既不越色，豈非般若乎。」

詮釋得好不好？好！就是太學究氣了、太扯了……

坐在三界之任何星球上，都和坐在自己家裏、丹房的感覺無異──那是修行中一種「忘我」、「同塵」的一種個體感受。

不要扯──，這種感覺就是：

> 如來妙體遍河沙，萬象森羅無礙遮。
>
> 會的圓通真法眼，始知三界是吾家。
>
> ──《悟真篇外集‧悟真性宗》絕句第一

在上海靜安區的圓明講堂內，可以看到弘一法師的絕筆，「悲欣交集」後還有「見觀經」三字。觀經就是《觀無量壽佛經》的簡稱。這三個字就是對前四字的注解，就是法師所見者以及所言之「執象而求，咫尺千里。問余何適，廓爾忘言。花枝春滿，天心月圓。」

修行人至此，就有了「神通」。

釋迦牟尼為何不以神通度人，不是他不想用，實乃用不動。

即便法力無邊如佛祖者，他也不能指著運行於星系軌道上的日月之行說，「停住」，此也謂「法力不敵業力」。

阿彌陀佛的無量光明，猶如外在之「依報」之夕陽。

所以，阿彌陀佛不是西方極樂世界的「教主」，還能是誰？

落日是一切光明究極所依，是一切光明的歸藏，「是名光明藏」、「如來藏」。佛曰「人人皆有」。

「明日的」太陽東升時，即依此（「陽」）為本而顯現「正報」。

佛法以寂滅為本性，乃於性空中緣起妙有。真人曰「現出深潭日一輪」。

吾心似燈籠，點火內外紅。

有物堪比倫，來朝日出東。

——本權《和寒山偈》

佛法之所以說得含蓄，是因為在佛祖圓寂後，僧侶還正忙於做一件令天上的釋迦牟尼非常不開心的事，他們正在搞一場轟轟烈烈的以「佛祖」替代「紅太陽」運動。

儘管經過了多少個「不可說」的歲月，但是在人類心靈的深處，對「物之初」的記憶，對太陽（神）的崇拜，雖然形式在變，但是實質內容，從未改變。

太陽神密特拉就是這樣的一位穿越者：

在波斯-雅利安人的拜火教中，是阿胡拉・馬茲達在人間的代表；

在印度-雅利安人的婆羅門教中，是晝神密多羅；

在佛教中是普度眾生的阿彌陀佛；

在基督教中，密特拉又化身成四大天使之一的米迦勒。

在《貝希斯頓銘文》中，就是右手向天空中的光明之神敬禮的王者，用古波斯、埃蘭、阿卡德語三種楔形文字宣示的銘文，「我，大流士，偉大的王，萬邦之王，波斯之王，諸省之王，敘斯塔斯帕之子，阿爾沙馬之孫，阿黑門尼德。……按阿胡拉・馬茲達的意旨，我是國王。」在銘文中，阿胡拉・馬茲達的名字被大流士提到 76 次之多，崇拜到何種程度。

在把內丹道的精神吃透後入門後，閱讀佛經，則是件非常有趣的事。

而先讀佛經，一不留心，一般好好的人，怎麼就報廢了呢？

不是一般人，就是東波先生為《楞枷經》作序時，不亦有一聲「文字簡古或不能句」的歎息嗎？對佛學頗有研究的大學士，此際，面對佛經已經不是不知其意如何，而是句逗之斷都不知如何了，何況一般人？

大學士如東坡先生者為什麼看不懂經文？因為他心繫天下，關注的是百姓疾苦、天下興亡。

而釋道確實是關諸「自身」尋求自了的一種學問，終極目的是個人的解脫。大乘教聞聽就笑了。

「個人生死個人證」這個意思佛祖早就說得不想說了，他的國破家亡之痛，你感覺不到；你的房貸車貸，他也不會給你解決。佛祖說給大家的，是方法，他給不了結果。把大廟整得金碧輝煌，只會起反作用，只會讓佛煩。

記得偉人看到人們搞個人崇拜，一次發脾氣了：「我的像到處掛，叫我給你們站崗放哨，風吹雨打日頭曬，殘酷無情。」

在推開「眾妙之門」前，未睹「其精甚真」時，學者常以空為一無所有，很難明白達摩掖在心裏的那四卷《楞伽經》之性、相二門，交替互應之道，一如內丹道兩扇「天門」的動靜、聚散、戊巳之意境。

那，還有個趣事，是經中，「佛祖」有個預言說：

> 未來世當有
>
> 持於我法者
>
> 南天竺國中
>
> 大名德比丘
>
> 厥號為龍樹……

本來很認真地在讀經，看到這裡撲哧笑了。

因為這個預言已經被說了一萬遍，所以已經很難說它是誰的預言了──這是宗教文化的而一個特色，無關緊要。

但閱《楞伽經》，說性、相二樣、真空妙有，不偏於性，也不執相。可見撰造之人，性也見了，相也見了，故能性相一如說。

觀世音說「色不異空，空不異色」呂祖道「水火均平方是藥」紫陽真人曰「藥味平平氣象全」《西遊記》云「坎離既濟真元合，水火均平大道成。」如此看來，釋道兩家，有何異哉？

此經非上上根熟者，不能言此「中觀」道也。即不愧為性宗最高的經典，也被相宗奉為圭臬。其文字之簡古、名相之繁雜、義理之細密，可以與丹派的《周易參同契》作比。

那又何必追究「佛說」耶？龍樹說耶？偽經耶？託名耶？天下本無事，庸人自擾之。

先要有，「得無分別自在謂菩薩住第八不動地。即捨一切功用之行，得無功用法，於一切法。遠離一切分別之想而得自在，故名得無分別自在。」

於是乎，駕馭分別而不入流轉，此謂自在分別、了了分明。

若上手就叫人無分別心，只有逝者能做到。即新聞說「死者目前情緒平靜。」

慧可用胳膊換來了真經，他讀了歎息「此經四世之後，變為名相，一何可悲。」

　　馬克思主義史學大家范文瀾先生在《唐代佛教》中有一段話：歷來佛教書籍都是憑空架說，違反事實，強詞奪理，穿鑿附會，巧立多種名目，支離蔓衍，煩碎繳繞，使人厭惡的戲論，唯識宗更為瑣碎，更是一種不值得認真對待的戲論。……這種煩瑣的分析，和我國得意忘言的思維習慣不合。在某種意義上，說得真好。比如，其「五法」、「八識」之類的精細分析，和中國傳統的得意忘言的思維習慣很不相符。

　　所以我說，先讀道經，它比較傳統。

跋

張廣保［註1］

中國文明傳統淵源深厚，保留人類自石器時代以來的集體記憶，是具有原創性、獨創性的文明體系。從比較文明的大視野看，在當今世界，中國傳統文明是少數可以與西方文明互相對話的文明體系。中國文明最重要的特點就是其在世界觀、物質觀、生命觀方面具有整體性、連續性、貫通性及有機性。從本質上說，中國文明致力統合天人，通貫三才，連通身心，是一種具有生態指向的，代表人類未來發展方向的高級文明。

從理論上看，道教承繼了道家哲學的根本道論，並以之為基礎建立其宗教理論的解脫論。證道、體道是道教所有宗教實踐形式圍繞的核心。不僅如此，植根於中華文明之中的道教在發展、完善其宗教形式時還深受傳統文化中重實用、尚證驗思想的影響，道教以道家的根本道論為核心，糅合、吸收各種流行於中國古代民間的方術，尤其是養生方術，從而發展出各種具體的證道之術，此即構成道教基本內容的外丹術、內丹術、存思術、導引術、服食術、行氣術、符籙術、禁咒術及齋醮科儀術。道教通過對道論和方術的整合，便呈現出了一種頗為獨特的以術證道、術道合一的基本特徵。道教之所以特別強調以各種方術來彰顯大道，乃是植根於整個中華民族深處的重踐履、尚實證的實用理性的體現。

我們以道教的內外丹道為例，來看看道教是如何統合道與術的。無論是內丹道還是外丹道都強調道與人相互貫通，不僅如此，道教的丹道還以現實的形

［註1］張廣保：北京大學哲學系教授、博士生導師，北京大學儒學研究院學術委員會主任、研究員，老子道學文化研究會（國家一級學會）副會長兼丹道與養生文化研究會會長。

式將這條貫通之路描繪出來，使之能夠依循，具有可操作性。丹道認為要完成從現實的人到超驗的道的飛躍，只有經過「丹」的合煉才能完成。丹與道是合一的，丹實際就是道的物化形成。煉丹就是現實的個體實現對道的把握與捕捉。

　　內外丹道尤其是內丹道繼承了老子道論的基本內容。我們先說外丹道。眾所周知，中國、印度、阿拉伯、歐州等文明都曾產生煉金術，這可以說是一個古老的文明傳統。但中國古代不但有煉金術，而且還有煉丹術。從時間上看，中國煉丹術亦較其他文明為早。據學者考證，現存最早一部外丹經典是收存於《正統道藏》的《黃帝九鼎神丹經》之卷一，出世於漢代。當然最有名的外丹經典還是《周易參同契》。關於這部書，中外科學史家都做過很深入的研究。早在上世紀三十年代，中國留美學生吳魯強（1904～1936），他是梁啟超的女婿，曾在麻省理工學院學習有機化學，並獲化學博士學位。他與英國著名化學史家戴維斯共同研究中國古代煉丹術，並成為戴維斯小組成員（Davis Group），一九三一年，他們共同在權威刊物 The Nucleus 發表《魏伯陽對煉丹家的建議》一文。一九三二年，他們將《周易參同契》譯成英文，並由戴氏親自撰寫導言加上注釋。題為《魏伯陽的〈參同契〉：中國古代煉丹術專著》，刊在 Isis。文章發表後，英國著名化學史家帕廷頓（James R.Partington）於一九三五年在《自然》雜誌上撰文予以評論。其後中國學者袁翰青、孟乃昌也在《化學通報》發表論文，對《周易參同契》進行研究。另外，化學史家張子高、趙匡華也都對這部書做過研究。其中特別值得一提的是，美國科學史家席文就中國煉丹術對時間控制這一主題的研究，頗具有開拓性。不過，他們的研究也存在一個問題：過於執迷於從當代化學的視角來評估《周易參同契》的成就，而沒有看到外丹學實際涉及一套象徵體系，鉛汞既是兩種合煉外丹的物質元素，同時也是兩種外丹學的象徵符號，它們有著通向更廣大象徵系統的趨勢。著名分析心理學家榮格也注意到煉丹術的象徵意義，並深入到集體心理層次，使用原型、意象等概念予以系統闡釋。從而拓展對丹道研究的維度。總之，外丹學不能全部返源於當代化學，它們是兩種不同思維體系下的有著質的差異的科學。對此，李約瑟博士於上世紀七十年代在《中國科技史》第五卷有關中國煉丹術的非凡研究已經觸及此點。值得我們注意的是：中國外丹術奠基於道家、道教及中醫共同推崇的一種基本思維，此即人體小宇宙思維或全息思維。這在今天遺傳學突破性發展之後，尤其值得我們重視。道教外丹術所用的丹鼎完全是按全息思維設

立起來的，其上鼎象天、下鼎象地，開八門以象八風，用鉛汞二主藥，以象陰陽，這顯然是意圖在丹鼎中建立一個小宇宙模型，指向一套象徵符號體系。外丹術的這種賴以確立的學理是很高明的。它與當代遺傳學的核心學理是一致的。因為遺傳學的克隆實驗表明生物體的單個細胞蘊含著個體的全部遺傳信息。這在過去物理學中是無法理解的，它表明自然界尤其生物界全息存在方式是客觀的。對於這種全息存在的認知，西方文化傳統下的哲學與科學都很欠缺，而在中國道家、道教、各種術數及中醫，都是以全息思維為基礎構建起來。這實際上是中國文化的基礎性思維。此外印度的《奧義書》也用「梵我一如」對全息思維做了深度哲學表達。至於西方思想傳統中，全息思維是一頗為弱勢的次傳統，只有新柏拉圖主義、諾斯替教中有一些初步的闡述。如果我們承認遺傳學對傳統科學在思維方面的突破的深遠意義，那麼對道教的內外丹道及中醫的科學價值，就應該認真重估。

作為中國傳統文化重要組成部分的道教文化，其有機整全的思維對於當代科學的發展無疑有著深刻的啟示性。對此，科學界已有部分論述。李約瑟偏重於闡述道家思想所蘊含的有機的、整體的宇宙觀對當代科學的意義，認為此乃為未來科學所張本。「李約瑟的研究意義在於，他確認了科學發展有不同的途徑，至少有兩種途徑：機械論和有機論的。並且他認為機械論的科學觀已經過時，科學未來的發展將採取有機論的途徑」〔註2〕。而這種有機論在古代思想的顯著代表便是傳統道家道教與中醫。

又李政道依據自身深厚的物理學學養，也評論說：「從哲學上講，測不准定律和中國老子所說『道可道，非常道；名可名，非常名』的意思頗有符合之處。」〔註3〕丁肇中在《尋找宇宙中最基本的結構》一文中也說：「中國古代對物質結構有兩種不同的看法：第一種看法認為最基本的結構是粒子，另外一種看法是，宇宙中最基本的結構是連續性的，粒子的觀念起源就是陽和陰。連續觀念的起源是公元前 600 年道家的創始人老子，他認為最基本的東西是永遠摸不清的。」〔註4〕丁肇中在這裡特別強調宇宙存在的連續性，而這也正是中華傳統文明把握世界的核心觀念之一。

〔註2〕董光璧：《當代新道家》，北京：華夏出版社，1991 年版。
〔註3〕李政道：《國內哲學動態》，1985 年，第 11 期。
〔註4〕丁肇中：《尋找宇宙中最基本的結構》，《外交評論》，2003 年第 4 期，第 7～11 頁。

不少研究者都責難中國古代文化缺少實驗精神,這其實是對道教外丹術缺少理解。從《道藏》外丹術所收外丹經典的載錄看,它們詳細記載了數以千計的煉丹實驗,道士們觀察藥物變化與溫度關係,並予定量記錄。其時間跨度經歷二千年以上。這實在是了不起的。我上世紀九十年代因為負責《中華道藏大辭典》外丹黃白術一科的編纂,對《道藏》外丹類經典做了系統梳理,深為其中體現的實驗精神所震憾,深感有義務將這點指出來。此外,對道教外丹術的常見指責是中國歷史上有不少人因服食丹藥而身亡,其中唐代就有幾位皇帝因服丹身亡。這其實也是對外丹術的膚淺指責。殊不知對外丹合煉中所使用的鉛、汞二藥有劇毒,煉丹家比誰都清楚,正因為如此,外丹術才專門設立出丹毒、試丹等實驗環節以預防中毒。如果嚴格按照外丹術的程序合煉、服食丹藥,完全可以避免中毒。總之,外丹術體現極其嚴格的實驗精神。

再談道教內丹術:有一部內丹書深受西方學者的推崇,這就是著名的《太乙金華宗旨》,它出世於康熙年間,是一部扶乩作品,收入《道藏輯要》。英譯 The Secret of the Golden Flouer 此書係由理查德·威廉,中文名衛禮賢(1873～1930)用德文翻譯的,英譯本又是依據德譯本轉譯的。衛禮賢是一位對中國古典文化有著精深瞭解的漢學家,曾在北京大學任教。他先將書譯成德文,並請心理學大師榮格撰寫評論。此後英文本、日文本紛紛面世。引人深思的是:此書在中國近代並無太大影響,但經榮格的評介,我國學者又從日文譯成中文,於是大受重視。於是連帶內丹道也引起我們的關注。內丹道也是致力於以術證道的,其終極目標是證道體道。將本來玄妙的道落實於炁,即先天氣之上,正是有了炁這一基礎,才使丹道的逆行回溯道體修煉有了可能性,因為炁是溝通人與道的媒體,它既是天地萬物創生的基礎,又是人體構成的基礎。值得注意的是內丹道主張通過逆轉陰陽之造化,以回溯道生一,一生二,二生三,三生萬物這一創生過程,轉而通過取坎填離,陰陽合煉,以捕捉住先天一炁,實現由二到一的復歸。最終通過先天炁來體證終極之道。可見修道的過程實際上是走一條回歸之路。內外丹道也就是歸根覆命之道。乃是意圖打通個體的小存在與宇宙的大存在。在這裡,內外丹道的宇宙論與修煉論完全貫通起來了,因此我們說道教修煉論是完全以其宇宙論作為基礎的,其宇宙論昭示一條順行的天地開創之路,而修煉論則揭示一條逆行復歸之路。此即內丹道常所說的「順則成人,逆則成仙。」

在丹道開創出的這條復歸之路中體現出了我國古人的卓絕的睿智。內外

丹道通過天人同構（包括時間、空間的雙重同構）的全息理論形式，將終極道
體貫通於萬事萬物及現實的人的存在之中。又通過在鼎爐中、人身中設定「小
宇宙」，以模擬天道運行的大環境，使大宇宙之道轉換成小宇宙之道，而大、
小宇宙之道是「體用一源，顯微無間」的關係，二者完全同質。內外丹家又通
過以丹道參證天道、易道的做法，創立了著名的「時間攢簇法」，這樣便將天
道陰陽運行的外在節律轉換成丹鼎中、人身小宇宙中的內陰陽運行的時間節
律。通過這些工作之後，修煉家便可在小宇宙中反溯宇宙創生的過程，逆行回
歸到終極的道。這一逆行回歸路線可分為四段，此即萬物（人）→陰陽（真陰
真陽）→先天一炁→道。在這一回歸式的修煉之途中，火候是至關重要的根本
因素。由此而言，我們與其說道教（尤其是丹道部分）是一種宗教、哲學，倒
不如說它是一種科學試驗更為合適。當然從某種意義上說，它的科學又是以其
宗教哲學為基礎的。在道教中，我們發現宗教超越論、哲學本體論及宇宙起源
論有著共同的基礎，它們陳述的乃是同一個事實。也正是在道教中，宗教、哲
學、科學三者達到了完美的統一。

　　在我閱讀謝群諸君所著《坐進此道》一書時，欣喜地看到了這意識的清晰
表達和深入分析，並將中國傳統的內丹道與流行於世界各文化圈的、非主流的
修行文化進行了橫向地對比、互訓。尤其值得我們注意的是：內外丹道所體認
的物質存在是一種連續性存在。我們注意到從超越性的道至超越性的先天炁，
至精神性的神，直至物質性的後天氣，以及有形有象的萬物，其間並沒有像西
方（主流的）文化傳統主張的在靈與肉，物質與精神之間劃分一條不可逾越的
在鴻溝，而是一條可以經由修煉而轉化的連續性存在鏈條。這充分體現了中國
傳統思想的獨創性。同時，我們必須特別強調的是，從宇宙論、存在論的角度
看，道教與中醫理論反映了中國古人觀照天、地、人、物的獨特視角，其中所
隱含的天觀、地觀、人觀、物觀都是意味深長、發人深省的。它與西方思想傳
統通常看待存在、非存在、虛無、實體的看法都不相同，乃是以一種環環相套
的全息物質構成論為背景來解釋天、地、人、物的存在形式。這與道教的根本
道論有著內在的一致性。對此如果我們引入解構主義思路對按西方傳統物質
觀、宇宙觀為基礎構建起來現存科學進行適度解構，從而由此進入一種後科學
主義態度，就可發現人類未來科學的發展應通過與中國精神傳統的深度對話
來實現。我們所說的後科學主義並不是否定現存的科學，而是要求進一步擴大
當代科學的內涵與外延，要求科學按其本性實現其自我超越。從解釋學視角

看，也就是要奠基於當今人類存在之歷史性而對科學進行一種創造性解釋，由此探詢以傳統中國人體小宇宙式的全息物質觀、世界觀為核心構造多元科學的可能性，進而思考多元性的科學範式是否可能。我們相信只要我們克服橫亙於當今人類心靈非此即彼之二元思維傳統，實現思的解放，人類就能拆解、融入自然世界，在此我與你，物與心，人與天達到渾然無間，相互交融的美妙境界。

回顧北宋時期眾多的內丹家中，張伯端毫無疑問是其中的傑出者，以其不朽之作《悟真篇》彪炳於史冊。在內丹道教史中，《悟真篇》與《周易參同契》、《黃庭經》、《陰符經》等並列，被視為內丹道的核心經典，張伯端也藉此奠定了「鍾呂之後一人而已」的宗師地位。他不僅很好地繼承了鍾呂的一項重要的創新，即引入周易數學來演述內丹道這一表現形式。乃至於他在篇次與結構的設置上都是蘊含深意的，與他的金丹道之節次及表現形式都密切相關：「罄所得成律詩九九八十一首，號曰《悟真篇》，內有七言四韻一十六首，以表二八之數；絕句六十四首，按周易諸卦；五言一首，以象太乙；續添《西江月》一十二首，以周歲律。」即以八十一首律詩為《悟真篇》的正文，演述命宗；其他三十二首頌詩曲雜言為附錄，談論了性之事，這種將命宗置於前，性宗置於後的做法，又不僅使人聯想起了內丹道南宗先命後性的言論，並非空穴來風。同時，鑒於《悟真篇》之詩歌題材的限制，也使得張伯端的文意顯得有些朦朧，這也和張伯端早期傳道的失敗經歷不無關係，促使他採取了一種權宜之計，以便既不妄泄天機，又不閉塞天寶。這就是傚仿魏伯陽等人的做法，將內丹法訣隱藏於文辭之中，以使學者因文解義，自天獲道。他在《悟真篇·後序》中說得明白：「此《悟真篇》中所歌詠大丹、藥物、火候，細微之旨，無不備悉。倘好事者，夙有仙骨，觀之則智慮自明，可以尋文解義，豈須伯端區區之口授？如此，乃天之所賜，非伯端之輒傳也。」按張伯端的這一舉動並非他的首創，東漢高隱魏伯陽在涉及傳授的問題時，也曾陷入同樣的困境：「竊為賢者談，豈敢輕為書。若遂結舌瘖，絕道獲罪誅。寫情著竹帛，又恐泄天符。猶豫增歎息，俯仰綴斯愚。陶冶有法度，未忍悉陳敷。略述其綱紀，枝條見扶疏。」歷史往往捉弄人，魏伯陽張伯端撰述《參同契》、《悟真篇》，本意在於擺脫困境，既能將丹道廣布於世，又可避免因妄傳非人而遭致的天罰。然而，他們卻因這一權宜之計無意中造就了內外丹道兩部不朽的經典之作。《參同契》號稱「萬古丹經王」，《悟真篇》則被譽為「南宗祖書」。不過，他們採用的那種隱喻式

的敘述法，也使後人飽受猜謎之苦。對此，道教史上數以百計的《參同契》、《悟真篇》注釋之作，便是明證。

　　本書作者多年以來「五嶽尋仙不辭遠，一生好入名山遊」，將聞之於教門內外數位高人隱士的彌足珍貴的修煉法訣、經驗予以綜合整理，並結合個人長期的修行體驗，上下求索，參證經典，以「白話」的、「漫談」的、「散文」的方式予以疏解編撰，則使本書高山流水，見仁見智。

2018 年 3 月 12 日洞齋散人謹識